O CÓDIGO DE HONRA

KWAME ANTHONY APPIAH

O código de honra

Como ocorrem as revoluções morais

Tradução
Denise Bottmann

COMPANHIA DAS LETRAS

Publicado originalmente nos Estados Unidos pela W. W. Norton & Company, Inc.

Grafia atualizada segundo o Acordo Ortográfico da Língua Portuguesa de 1990, que entrou em vigor no Brasil em 2009.

Título original
The Honor Code: How Moral Revolutions Happen

Capa
Victor Burton

Imagem da p. 55
Cortesia da Biblioteca da Universidade de Manchester The John Rylands Library

Preparação
Osvaldo Tagliavini Filho

Índice remissivo
Luciano Marchiori

Revisão
Adriana Cristina Bairrada
Luciana Baraldi

Dados Internacionais de Catalogação na Publicação (CIP)
(Câmara Brasileira do Livro, SP, Brasil)

Appiah, Kwame Anthony
O código de honra : como ocorrem as revoluções morais / Kwame Anthony Appiah; tradução Denise Bottmann. — 1ª ed. — São Paulo : Companhia das Letras, 2012.

Título original: The Honor Code : How Moral Revolutions Happen.
ISBN 978-85-359-2044-4

1. Comportamento de massa - História 2. Ética social 3. Honra - Aspectos sociais - História 4. Mudança social - Aspectos morais e éticos 5. Mudança social - História I. Título.

12-00430 CDD-303.48409

Índices para catálogo sistemático:
1. Movimentos sociais : História 303.48409
2. Mudança social : História 303.48409

EDITORA SCHWARCZ S.A.
Rua Bandeira Paulista, 702, cj. 32
04532-002 — São Paulo — SP
Telefone (11) 3707-3500
www.companhiadasletras.com.br
www.blogdacompanhia.com.br
facebook.com/companhiadasletras
instagram.com/companhiadasletras
twitter.com/cialetras

magistris meis
et vivis et mortuis

Seria uma espécie de impiedade, e quase uma calúnia à natureza humana, crer que existe alguma profissão ou atividade estabelecida e respeitável em que o homem não possa continuar a agir com honestidade e honra; e, analogamente, sem dúvida não existe nenhuma que não possa vez por outra apresentar tentações em contrário.

Samuel Taylor Coleridge, *Biographia Literaria*, 1817

Sumário

Prefácio

Este livro começou com uma questão simples: o que podemos aprender sobre a moral examinando revoluções morais? Fiz essa pergunta porque historiadores e filósofos têm descoberto muito sobre a ciência com o estudo cuidadoso das revoluções científicas. Thomas Kuhn e Paul Feyerabend, por exemplo, chegaram a conclusões fascinantes examinando a Revolução Científica do século XVII — que nos deu Galileu, Copérnico e Newton — e a revolução mais recente que nos trouxe as assombrosas teorias da física quântica.

Sem dúvida, o desenvolvimento do saber científico gerou uma explosão tecnológica maciça. Mas o espírito que move a ciência não é transformar o mundo, e sim entendê-lo. A moral, por outro lado — como insistiu Immanuel Kant —, é, em última análise, prática: moralmente, importa o que pensamos e sentimos, mas a moral, em sua essência, está no que fazemos. Portanto, como uma revolução é uma grande mudança em pouco tempo, uma revolução moral tem de incluir uma rápida transformação no *comportamento* moral, e não só nos sentimentos morais. Ainda assim, ao final da revolução moral, como ao final de uma revolução científica, as coisas parecem novas. Olhando para trás, mesmo que apenas uma geração, as pessoas exclamam: "O que estávamos pensando? Como fizemos *isso* por tantos anos?".

Então comecei a examinar várias revoluções morais, vendo o que elas poderiam ensinar. Quase de imediato percebi que os casos avulsos que estava olhando — o fim do duelo, o abandono da prática de amarrar os pés, o término da escravidão atlântica — tinham alguns traços inesperados em comum. Um deles era que as objeções contra todas essas práticas tinham sido claramente explicitadas e eram bem conhecidas muito antes de serem abolidas. Os argumentos já estavam lá, e em termos que, em outras culturas ou outras épocas, ainda podemos reconhecer e entender. Ao que me parece, independentemente do que tenha acontecido para que essas práticas imorais cessassem, não foi porque as pessoas se sentiram vencidas por novos argumentos morais. O duelo sempre foi mortífero e irracional; a amarração dos pés sempre foi dolorosamente deformadora; a escravidão sempre foi um ataque à humanidade do escravo.

Foi uma surpresa sobre o que não aconteceu. A segunda — e, para mim, muito mais surpreendente — observação foi o que *aconteceu*: em todas essas transições, algo a que naturalmente se chamava de "honra" teve um papel central. Isso levou à pesquisa cujos resultados estão reunidos neste livro. Não admira, claro, que o duelo tivesse relação com a honra, nem que o fim dos duelos trouxesse novas ideias sobre ela. Mas o que realmente admira, a meu ver, é que as ideias sobre a honra nacional e a honra de trabalhadores muito distantes nas fazendas do Novo Mundo aparecessem com tanto destaque ao término do enfaixamento dos pés e da escravidão moderna, respectivamente.

Percebi que essas questões também estavam imediatamente ligadas a temas referentes ao papel de nossas identidades sociais

— homens e mulheres, homossexuais e heterossexuais, americanos e ganenses, cristãos, muçulmanos e judeus —, moldando nossos sentimentos e escolhas. Num livro anterior, já examinei algumas das maneiras como as identificações com a família, o grupo étnico, a religião e a nação podem criar vínculos mútuos de orgulho e vergonha. Assim, talvez eu estivesse especialmente preparado para enxergar as ligações entre honra e identidade que estão no cerne das revoluções morais abordadas a seguir.

Essa me parece uma conexão muito digna de nota. A identidade liga essas revoluções morais a um aspecto da nossa psicologia humana que os filósofos morais de língua inglesa negligenciaram por muito tempo, embora venha recebendo mais atenção na filosofia moral e política recente: nossa profunda e constante preocupação com a posição social e o respeito, nossa necessidade humana daquilo que Georg Wilhelm Friedrich Hegel chamou de *Anerkennung* — reconhecimento. Nós, seres humanos, precisamos que os outros respondam apropriadamente ao que somos e ao que fazemos. Precisamos que os outros nos reconheçam como seres conscientes e percebam que nós também os reconhecemos assim. Quando você avista outra pessoa na rua e seus olhos se encontram num mútuo reconhecimento, ambos estão expressando uma necessidade humana fundamental e ambos estão respondendo — instantaneamente, sem esforço — àquela necessidade que cada um identifica no outro. O trecho mais famoso de Hegel sobre a luta pelo reconhecimento aparece quando ele analisa a relação entre o senhor e o escravo na *Fenomenologia do espírito*. Imagino que ele não se surpreenderia que uma parcela da energia dos movimentos abolicionistas procedesse da busca de reconhecimento.

Assim, minha pesquisa me levou a um ponto um tanto inesperado: agora quero reivindicar um lugar central para a honra em nossas reflexões sobre o que é viver uma boa vida humana.

Aristóteles pensava que a melhor vida é aquela na qual se alcança algo a que ele chamava de *eudaimonia*, e deu ao estudo da *eudaimonia* o nome de "ética". Penso que este livro é uma contribuição à ética no sentido aristotélico, que é o sentido em que pretendo usar a palavra.

Eudaimonia tem sido enganosamente traduzido como "felicidade", mas capta-se melhor o significado pretendido por Aristóteles definindo *eudaimonia* como "florescer". E eu explicaria florescer como "viver bem", desde que não se pense que a única coisa necessária para viver bem é ser bom com seus semelhantes. Os valores que nos guiam para decidir o que devemos aos outros formam um subconjunto dos diversos valores que guiam nossas vidas, e considero razoável denominar esse conjunto específico de valores como valor moral. Neste sentido, o duelo, o enfaixamento dos pés e a escravidão são, obviamente, questões morais. (Nega-se aos escravos, às mulheres de pés amarrados e aos duelistas mortos aquilo que lhes cabe.)

Ainda neste sentido, a moral é, evidentemente, uma dimensão importante da ética: fazer o que devo aos outros faz parte do viver bem, e um dos traços característicos dos últimos séculos é o reconhecimento cada vez maior das obrigações de cada um de nós em relação às outras pessoas. Mas uma vida boa, além de ser moralmente boa, envolve muitas outras coisas; e a filosofia vive na tentação constante de reduzir a grande multiplicidade das coisas que permitem uma boa vida humana. Uma vida boa geralmente inclui relações com a família e os amigos, regidas não só pelo que devemos aos outros, mas também pelo que lhes damos espontaneamente por amor. Nossas vidas, na maioria dos casos, também se tornam melhores com a atividade social. Participamos de uma igreja ou de um templo; jogamos ou assistimos a jogos juntos; envolvemo-nos na política local e nacional. E nos beneficiamos também do contato com algumas das inúmeras coisas valiosas na experiência humana, entre elas a música, a literatura, o cinema e as artes visuais, além da participação nos tipos de projetos que escolhemos para nós, como aprender a cozinhar bem, cultivar um jardim, estudar a história de nossas famílias. Existem muitas espécies de bem humano.

Uma das formas de começar a entender por que a honra tem importância para a ética é reconhecer as relações entre a honra e o respeito, já que o respeito e o respeito próprio também são bens humanos nitidamente fundamentais; somam-se à *eudaimonia* e nos ajudam a viver bem.

Passei um bom tempo de minha vida acadêmica tentando fazer com que meus colegas de filosofia reconhecessem a importância teórica e prática de coisas a que talvez dessem pouca atenção: raça e etnia, sexo e sexualidade, nacionalidade e religião — enfim, todas essas ricas identidades sociais com as quais compomos nossas vidas. A honra, por sua vez, é outro tópico essencial pouco estudado pela filosofia moral moderna. E é essencial porque, tal como nossas identidades sociais, ela cria uma conexão entre nossas vidas. A atenção à honra, assim como à importância de nossas identidades sociais, também pode nos ajudar a tratar os outros como devemos e a viver melhor nossa própria vida. Antigamente os filósofos sabiam disso — veja, por exemplo, Montesquieu, Adam Smith ou, ainda, o próprio Aristóteles. Mas, se o "respeito" e o "respeito próprio" estão em alta na filosofia contemporânea, o conceito de "honra" — relacionado mas distinto — parece bastante esquecido. É hora, acredito, de devolver a honra à filosofia.

Os episódios históricos apresentados neste livro ilustram — e, deste modo, permitem que exploremos — diversas características da forma de atuação da honra no tempo e no espaço. Cada uma delas nos possibilita acrescentar elementos ao quadro. Numa jornada da Inglaterra à China e depois voltando ao mundo atlântico, podemos captar as várias dimensões da honra com mais profundidade. Não são três histórias locais separadas, mas fios de uma mesma história humana, que diz respeito às pessoas em Cingapura, Mumbai e no Rio de Janeiro tanto quanto às pessoas que estão em Los Angeles, na Cidade do Cabo ou em Berlim. E tenho certeza de que em todos esses lugares, a despeito das variações locais sobre os temas da honra, encontraríamos episódios que nos ensinariam as mesmas lições.

No entanto, meu objetivo não é apenas entender outros povos, outros tempos e outros lugares, mas também iluminar nossa vida hoje. Mais especificamente, quero usar as lições que podemos tirar do passado para levantar um dos problemas mais espinhosos que a honra apresenta ao mundo contemporâneo: o assassinato de meninas e mulheres em nome da honra. Quando formos ao Paquistão, no capítulo 4, estaremos prontos para entender e enfrentar um dos lados sombrios da honra; e, tal como nos casos históricos, as lições que aprendemos num lugar se aplicam a outros. Concentro-me no Paquistão, mas desde já é importante deixar claro que esse país não é, nem de longe, o único onde hoje ocorrem assassinatos por honra.

O crime de honra não é a única forma como a honra é utilizada na atualidade, e meu objetivo no último capítulo é indicar de que maneira a compreensão da honra pode nos ajudar a lidar com outros problemas contemporâneos. "O que eles estavam pensando?", perguntamos sobre nossos antepassados; mas sabemos que, daqui a um século, nossos descendentes perguntarão a mesma coisa a nosso respeito. Quem sabe o que lhes parecerá mais estranho? Os Estados Unidos têm 1% de sua população encarcerada e submetem muitos milhares de prisioneiros a anos de confinamento numa solitária. Na Arábia Saudita, as mulheres não podem dirigir. Existem países onde hoje a homossexualidade é punida com prisão perpétua ou condenação à morte. E há também a realidade do confinamento na pecuária e na avicultura industrial, em que centenas de milhões de mamíferos e bilhões de aves têm uma existência curta e miserável. Ou, ainda, a extrema pobreza, tolerada dentro e fora do mundo desenvolvido. Um dia, as pessoas vão se pegar pensando que não só uma antiga prática era errada e a nova é certa, mas também que havia algo de vergonhoso nos velhos usos. Durante a transição, muitos modificarão seus hábitos porque sentem vergonha da antiga maneira de fazer as coisas. Assim, talvez não seja demais esperar que, se encontrarmos já o lugar adequado da honra, podemos melhorar o mundo. Este livro pretende explicar a honra para nos ajudar a reconhecer sua importância constante para cada um de nós.

Quando eu era menino, o cantor irlandês Val Doonican fazia sucesso com a música "Walk tall", na qual ele contava o que sua mãe falava quando ele "não passava do joelho dela". Ela dizia que o filho devia acreditar em si mesmo e fazer a coisa certa, e ainda o ensinava a "olhar o mundo direto nos olhos". Mesmo já passando da altura do joelho dos outros, eu também lembro como essa advertência materna me marcou (muito embora o personagem da canção estivesse na cela de uma prisão, onde tinha ido parar por não ter seguido o conselho da mãe). Val Doonican tinha uma bela voz e a música era ótima, mas aquilo ficou comigo por mais de quarenta anos certamente porque expressava com simplicidade um ideal de honra. A psicologia da honra tem uma ligação profunda com a autoconfiança e com olhar o mundo nos olhos. A mãe de Val também lhe advertia que mantivesse "a cabeça erguida"; e, quando as pessoas capacitadas com senso de honra lembram que merecem respeito, andam literalmente com a cabeça erguida. Podemos ver o respeito próprio que têm, e elas podem senti-lo estufando o peito e endireitando as costas.

A humilhação, por outro lado, encurva a coluna, abaixa os olhos. Em axânti-twi, língua do meu pai, quando alguém faz algo desonroso, dizemos: "Seu rosto caiu". De fato, para fazer cara de vergonha a pessoa abaixa os olhos. Se temos uma palavra para honra em twi, essa palavra é *animuonyam*, que contém a raiz *nim*, que significa "rosto". Todos sabem que os chineses falam em "ficar sem cara"; em inglês, francês e alemão, a pessoa pode ficar sem cara, mas pode também salvar a cara. Extremo Oriente, Europa Ocidental, África Ocidental: três zonas muito diferentes. Isso sugere que os seres humanos podem ter essas propensões básicas em todo o mundo.

O que você faz deliberadamente com seu rosto — se prefere escondê-lo ou ostentá-lo — não é a única coisa que importa. Coramos involuntariamente de vergonha; lágrimas vêm aos nossos olhos com um sentimento intenso, especialmente no caso de emoções morais, tais como a indignação e o orgulho. É sobretudo pelo rosto que vemos o que os outros estão sentindo, e assim a preocupação da honra com o rosto talvez possa sugerir que a honra mobiliza nossos sentimentos apenas quando estamos na presença de outrem. Mas é claro que não é assim. Você pode sentir vergonha mesmo estando sozinho.

No século XVII, René Descartes escreveu que era "obrigado a admitir que enrubesço de vergonha em pensar que elogiei esse autor no passado".[1] Podemos imaginá-lo sentado no escritório, refletindo sobre aquele elogio e percebendo que tinha demonstrado péssimo discernimento — o tipo de discernimento equivocado que significa que ele não merece mais um respeito intelectual irrestrito. O sangue lhe sobe ao rosto. Zelar pela honra é querer ser digno de respeito. Ao perceber que fez alguma coisa que o torna indigno, você sente vergonha, mesmo que ninguém esteja olhando.

No final do livro, já terei apresentado o que podemos chamar de "teoria da honra". Mas creio que a melhor maneira de chegar lá é examinar como a honra opera em seus elementos centrais, vendo-a em ação na vida dos indivíduos e das comunidades. No começo do último capítulo, reunirei todos os elementos da teoria que teremos descoberto juntos. É o lugar certo, penso, para apresentar a íntegra da proposição, pois as teorias não são de grande valia sem os argumentos que lhes dão sustentação; e enquanto você não souber por que faço determinadas afirmações, não poderá entendê-las realmente bem, nem concluir se estou certo ou errado.

Agora sei que hoje em dia muitos não gostam de falar em "honra" e acham que estaríamos melhor sem ela. (É o tipo de coisa que a gente aprende depois de passar alguns anos respondendo à pergunta "O que você anda fazendo?" com "Escrevendo um livro sobre honra".) Mas, seja você contra ou a favor da honra, tenho certeza de que reconhece sentimentos como a vergonha de Descartes e o orgulho de Val Doonican. Um fato central entre os seres humanos é que nossas sociedades criam códigos que se fundam nesses padrões de comportamento e sentimento. O cerne da psicologia da honra — mostrar e receber respeito — já está em todos os seres humanos normais, por mais esclarecidos e avançados que sejam. Essa é uma das razões pelas quais penso que precisamos levá-la em conta. A honra se baseia em tendências fundamentais da psicologia social humana, e certamente é melhor entender nossa natureza e lidar com ela do que declarar que preferiríamos ser diferentes — ou, pior, fazer de conta que não temos natureza nenhuma. Podemos achar que acabamos com a honra, mas a honra não acabou conosco.

Kwame Anthony Appiah
Princeton, New Jersey

1. Morre o duelo

... a igualdade é indispensável.

Regra XIV de *The Irish practice of duelling and the point of honour* [A prática irlandesa do duelo e o ponto de honra]

UM RECONTRO DESAIROSO

Em 21 de março de 1829, um pouco antes das 8h, o duque de Wellington, primeiro-ministro da Inglaterra, chegou a cavalo numa encruzilhada ao sul do Tâmisa, cerca de oitocentos metros adiante da ponte Battersea. Pouco depois, também a cavalo, juntou-se a ele seu colega de gabinete e ministro da Guerra, sir Henry Hardinge, e passado mais um breve intervalo chegou numa carruagem o médico do duque.

Depois de se cumprimentarem, o médico passou ao lado de uma pequena casa rural e, escondendo duas pistolas no sobretudo, foi até um grande campo aberto, chamado Battersea Fields, onde ocultou as armas atrás de uma moita. Battersea Fields era um local bastante conhecido aonde os cavalheiros iam se encontrar para duelar, e qualquer um que tivesse visto essa sucessão de chegadas saberia o que estava se passando. Praticamente todos os habitantes de Londres teriam reconhecido o duque, cujo rosto, com o grande nariz romano e a testa alta, era famoso desde suas primeiras vitórias sobre os exércitos napoleônicos na Espanha, vinte anos antes. Assim, qualquer espectador ficaria curioso para ver quem seria o próximo a chegar.

Afinal, tendo aparecido um cavalheiro com assistente e médico, era de se prever que surgisse um adversário com seu respectivo assistente. E que o duque empertigado, epítome da honra, modelo de serviços ao rei e ao país, estivesse se preparando para um duelo naturalmente faria qualquer um se perguntar quem teria desafiado sua honra.

A pergunta logo foi respondida quando aos três juntou-se o conde de Winchilsea e seu assistente, o conde de Falmouth. O nome de batismo de lorde Winchilsea era George William Finch-Hatton. (Seu neto Denys Finch-Hatton era aquele aristocrata inglês bonitão que foi interpretado por Robert Redford no filme *Entre dois amores.*) Finch-Hatton era muito menos famoso do que o duque, e mesmo essa pouca notoriedade resultava de seu ativismo, no ano anterior ou nos dois anos anteriores, contra o movimento de suspender algumas proibições legais que pesavam sobre os católicos na Inglaterra (que, de uma ou de outra maneira, vinham desde a Reforma). Orador eloquente, ele discorria dentro e fora do Parlamento sobre a necessidade de proteger a fé e as tradições de seus antepassados. Era uma liderança entre aqueles ingleses que continuavam a acreditar ardorosamente que era impossível ser leal à Inglaterra e, ao mesmo tempo, ao papa em Roma. Winchilsea era alto, tinha cabelos escuros e um físico robusto. Estava no final dos trinta anos e era vinte e poucos anos mais novo do que o duque. Deve ter parecido imponente quando chegou a cavalo com Falmouth, que, como ele, também era ex-oficial do Exército.

O duque de Wellington manteve-se à distância enquanto os dois assistentes, Falmouth e Hardinge, travavam um diálogo acalorado. Então o médico carregou as pistolas que havia escondido atrás da moita — a tarefa, a rigor, caberia a Hardinge, mas ele tinha perdido a mão esquerda nas guerras napoleônicas —, enquanto lorde Falmouth carregava uma das duas pistolas que levara consigo. Hardinge escolheu um lugar para o duque, deu doze passos e instruiu lorde Winchilsea a tomar posição. Wellington levantou objeções ao primeiro local. "Droga", ele disse. "Não o ponha tão perto da vala. Se eu o atingir, ele vai cair dentro dela."[1]

Por fim, definida a posição de cada um, Hardinge deu uma pistola ao duque, e Falmouth, por sua vez, entregou a outra a Winchilsea. Hardinge recuou alguns passos e, depois de mais algumas formalidades, falou firme: "Cavalheiros, estão prontos? Fogo". O duque ergueu a pistola e, após uma breve pausa (provavelmente porque o conde não tinha feito nenhum preparativo), atirou. Winchilsea ficou ileso. Então, bem devagar, levantou a pistola para o alto e disparou no ar.

Mais tarde, o médico de Wellington apresentou a seguinte versão da conversa que se seguiu entre os dois assistentes:

> O duque continuou imóvel em seu lugar, mas lorde Falmouth e lorde Winchilsea dirigiram-se imediatamente a sir Henry Hardinge, e lorde Falmouth lhe disse: "Lorde Winchilsea, tendo recebido o disparo do duque, encontra-se em circunstâncias diferentes daquelas em que estava anteriormente, e agora se sente em liberdade para dar ao duque a reparação que ele deseja".

Falmouth seguia a convenção de que todos os comunicados deviam se dar entre os assistentes, e sir Henry, como assistente do duque, tinha a obrigação de responder. Assim, depois de alguns segundos de tensão, Hardinge disse: "O duque espera um amplo pedido de desculpas e uma admissão plena e completa de seu erro ao publicar a acusação que foi feita contra ele". Ao que lorde Falmouth respondeu: "Peço desculpas no sentido mais amplo ou total da palavra", e então tirou do bolso um papel no qual estava escrito aquilo que disse ser uma admissão de lorde Winchilsea de que estava errado.[2]

Depois de mais uma discussão acalorada e de uma correção proposta pelo médico, todas as partes concordaram com uma versão levemente modificada do pedido de desculpas que Falmouth havia preparado.

O duque se aproximou e fez uma vênia aos dois condes, e Falmouth, que havia mostrado evidente relutância em participar dos procedimentos, declarou que sempre achara que Winchilsea estava totalmente errado. Hardinge então deixou claro que *ele* achava que, se Falmouth realmente pensava assim, não deveria ter aceitado o papel de assistente de Winchilsea. Quando Falmouth tentou se explicar mais uma vez, agora ao duque, Wellington o interrompeu dizendo: "Meu senhor Falmouth, não tenho nada com tais assuntos". Então roçou dois dedos na aba do chapéu e, antes de voltar à sua montaria, despediu-se: "Bom dia, meu senhor Winchilsea; bom dia, meu senhor Falmouth".

Ao examinar esse infame episódio e as reações a ele, podemos entender a cultura da honra em transformação na Inglaterra na primeira metade do século XIX. A morte do duelo na Inglaterra — o desaparecimento de uma prática que havia definido a vida dos cavalheiros por cerca de trezentos anos — é a primeira revolução moral que eu gostaria de investigar aqui. E o recontro de Wellington e Winchilsea em Battersea Fields nos mostra algumas das pressões que levaram a isso.

O duelo derivou da oposição feroz de Winchilsea a um projeto de lei que Wellington defendia na Câmara dos Lordes: a Lei da Liberação Católica, que permitiria aos católicos ter assento no Parlamento britânico pela primeira vez depois de mais de 150 anos. Um ano antes, em junho de 1828, Daniel O'Connell, o patriota irlandês fundador da Associação Católica, que tinha como finalidade melhorar a situação dos católicos na Irlanda, fora eleito para o Parlamento. O'Connell e sua plataforma política tinham enorme popularidade na Irlanda, como demonstraram as eleições, e, em Londres, ele seria o porta-voz de tais posições no Legislativo. Mas, pelo fato de ser católico, ele não podia ter assento na Câmara dos Comuns — a menos que prestasse juramento de que "a invocação ou adoração da Virgem Maria ou de qualquer outro Santo, e o Sacrifício da Missa, como são agora usados na Igreja de Roma, são supersticiosos e idólatras". Obviamente, nenhum católico que se prezasse faria um juramento desses; e é claro que era exatamente por isso que se exigia o juramento. Essa exclusão do Parlamento refletia as várias outras exclusões que atingiam os irlandeses católicos em seu próprio país. Os ânimos na Irlanda estavam esquentados a esse respeito, e em alguns lugares falava-se em guerra civil.

Como a maioria dos tóris — incluindo sir Robert Peel, que encaminhava o projeto de lei na Câmara dos Comuns —, Wellington havia sido contrário à emancipação católica, e nenhum dos dois tinha mudado de posição casualmente. O duque, que nascera na Irlanda e, quando jovem político, fora ministro para a Irlanda, estava em posição especialmente adequada para avaliar a delicadeza da situação naquela ilha inquieta. Passara a ser favorável à emancipação católica porque, como observou num discurso durante a segunda leitura do projeto na Câmara dos Lordes —

que muitos consideraram um dos melhores discursos de sua carreira parlamentar —, a Irlanda parecia estar "à beira da guerra civil". E o primeiro-ministro do rei acrescentou, aos aplausos daquela augusta câmara: "Devo dizer o seguinte: se eu puder evitar, a qualquer custo que seja, mesmo apenas um mês de guerra civil no país a que sou ligado, sacrifico minha vida para tal".[3]

Mas George William Finch-Hatton, décimo conde de Winchilsea, gostava de imaginar o pior e, à medida que se aproximava a aprovação final do projeto de lei, ele frequentemente comentava que o duque de Wellington estava conspirando um ataque à constituição protestante. Num folheto de fevereiro de 1829, Winchilsea tinha conclamado seus "IRMÃOS PROTESTANTES! [...] a se apresentar energicamente em Defesa de nossa Religião e Constituição Protestante". Como o "grande corpo de seus Senadores degenerados está preparado para sacrificar ao altar da Traição e da Rebelião aquela Constituição pela qual nossos Ancestrais tão nobremente lutaram e morreram", ele convocava seus compatriotas a fazer uma petição ao rei e ao Parlamento. Subscrevendo-se modestamente como "humilde e devotado criado" de seus irmãos protestantes, assinou o folheto — de maneira pouco humilde — como "Winchilsea e Nottingham", pois calhava ser também o quinto conde de Nottingham.

Numa carta ao jornal *Standard*, publicada em 16 de março do mesmo ano, cerca de uma semana antes da aprovação do projeto, Winchilsea lançou um ataque mais específico ao duque de Wellington. Ele alegou que o primeiro-ministro do rei tinha feito uma manobra escusa ao oferecer apoio financeiro para a criação do King's College de Londres como instituição anglicana para contrabalançar a recente criação laica da Universidade de Londres. O envolvimento do duque nesse projeto ostensivamente protestante era um "subterfúgio", disse Winchilsea, que lhe permitiria, "sob o disfarce de uma demonstração exterior de zelo pela religião protestante [...] levar à frente seus desígnios insidiosos para a violação de nossas liberdades e a introdução do papismo em todos os departamentos do Estado".[4]

Ninguém duvidava do forte apego de Winchilsea à Igreja Anglicana. Segundo Charles Greville — que foi escrevente do Conselho Privado, o corpo que reunia todos os principais conselheiros políticos do monarca, de 1821 a 1859 —, Winchilsea era "um par do reino sem importância pessoal, mas defensor inflexível da Igreja e do Estado".[5] Ainda assim, acusar o herói das guerras contra Napoleão, o "Salvador da Europa" e o vencedor de Waterloo, de dissimular sua verdadeira fé e trair a Constituição certamente era ir longe demais — como diriam os cavalheiros nos clubes londrinos por onde circulava a acusação.

Ferido pela acusação pública de Winchilsea, Wellington insistiu que o conde se retratasse — coisa que ele se recusou a fazer após uma rápida troca de bilhetes. E assim, em 20 de março de 1829, o duque enviou-lhe uma mensagem desdenhosa na qual perguntava: "Terá o Ministro do Rei de se submeter aos insultos de qualquer cavalheiro que pense ser adequado lhe atribuir motivos ignominiosos ou criminosos para sua conduta como indivíduo?". E ele mesmo respondeu imediatamente: "Não tenho dúvidas sobre a decisão que deverei tomar em relação a este assunto. Vossa Senhoria é o único responsável pelas consequências". Então insistiu que Winchilsea lhe desse "a satisfação que um cavalheiro tem o direito de exigir e que um cavalheiro nunca se recusa a dar".[6] Na manhã seguinte, o duque e o conde se encontraram com seus assistentes em Battersea Fields.

Poucas semanas depois, a Lei da Liberação Católica recebeu a aprovação régia de Jorge IV e, com ela, a força de lei. Correu o boato de que o rei anticatólico chorou ao assiná-la, obrigado a fazê-lo sob a ameaça de renúncia de Wellington.

Essas foram as circunstâncias que deram origem ao desafio de Wellington. Mas agora pense sobre isso. O duque não era um partidário entusiasta do duelo. Na verdade, ao contrário de muitos oficiais de sua época e apesar de sua carreira militar extremamente ilustre, ele nunca tinha duelado e jamais voltou a duelar. Quando era comandante de campo nas guerras napoleônicas, parecia acreditar que a honra militar britânica sairia diminuída se o duelo fosse totalmente proibido no Exército. Mas em 1843, catorze anos depois daquele infame duelo, quando Wellington ainda era comandante em chefe, os artigos de guerra sofreram alterações, instituindo penalidades severas para o duelo em todos os setores das Forças Armadas, após pressões de muitas figuras importantes, inclusive do querido esposo da rainha Vitória, o príncipe Albert. Em idade mais avançada, o duque foi membro destacado da Associação Contra o Duelo.

E mais: o duelo era ilegal. Como escrevera sir William Blackstone em *Commentaires on the laws of England* [Comentários sobre as leis da Inglaterra], nos anos 1760, o direito consuetudinário inglês "estabeleceu legitimamente o crime e a punição por homicídio" aos duelistas e seus assistentes, que "jogam com suas próprias vidas e as de seus semelhantes".[7] O direito canônico e a doutrina moral cristã também se opunham ao duelo.

Havia ainda implicações *políticas*. Se o duque tivesse morrido, o país e o rei perderiam um primeiro-ministro em plena crise constitucional, num episódio ilegal que se referia exatamente às questões que estavam em jogo naquela crise. Poucas coisas seriam mais desestabilizadoras num campo já instável. Por outro lado, se o duque tivesse matado Winchilsea, ele teria de ser julgado por homicídio perante a Câmara dos Lordes. (Tal como lorde Cardigan, que seria julgado em 1841 por ferir em duelo um certo capitão Tuckett — caso em que suas senhorias o absolveram.[8]) No mínimo, ele teria de renunciar ao Ministério, como haviam feito dois outros políticos anglo-irlandeses, Canning e Castlereagh, ministros respectivamente das Relações Exteriores e da Guerra, vinte anos antes, depois de duelar. Em ambos os casos, é de se duvidar que a Câmara dos Lordes aprovasse a Lei da Liberação Católica.

Caso houvesse julgamento, os lordes enfrentariam uma difícil escolha. A Revolução Francesa e a execução de Luís XVI e Maria Antonieta em 1793 tinham hasteado a bandeira do republicanismo na Europa. O Clube Jacobino — organização radical que liderou a Revolução — difundiu novas ideias sobre liberdade e igualdade em toda a França, conquistando rapidamente adeptos na Inglaterra. Na virada para o século XIX, os governos britânicos tomaram medidas sistemáticas para enfrentar a ameaça do jacobinismo, temendo uma onda de hostilidade não só contra a monarquia, mas também contra a aristocracia e todos os privilégios hereditários.

Depois que Wellington derrotou Napoleão em Waterloo, houve um período de grande desemprego, exacerbado pelas chamadas Leis do Milho, que pretendiam impedir a entrada de cereal barato no mercado. Essas leis protegiam os interesses econômicos dos plantadores de trigo e outros cereais no Reino Unido, mas aumentavam o custo da alimentação para os pobres. A flagrante insensibilidade das classes dirigentes diante do sofrimento dos necessitados deu maior força às reivindicações radicais. Em 1819, mais de 50 mil homens e mulheres se reuniram em St. Peter's Field, em Manchester, pressionando pela reforma parlamentar. Quando não obedeceram à ordem de um magistrado para dissolver a manifestação, membros daquela classe militar representada por Wellington investiram contra o povo nas ruas, matando doze homens e três mulheres, meia dúzia deles feridos a sabre antes de serem pisoteados até a morte. O massacre recebeu o nome de

"Peterloo", numa referência nada sutil ao morticínio ocorrido durante a maior vitória de Wellington.

Assim, em 1829, quando a Lei da Liberação Católica estava em debate, havia muita gente no Parlamento e no país lutando por reformas mais substanciais e enfrentando a resistência de um Parlamento pouquíssimo representativo, dominado por uma aristocracia não eleita. Não era um bom momento para as autoridades se mostrarem lenientes perante uma séria transgressão da paz cometida por um aristocrata, enquanto elas mesmas demonstravam uma determinação tão violenta ao lidar com as classes mais baixas. E, na improvável hipótese de o duque não ser perdoado por seus pares, estes forçariam a impopular tarefa ao rei, visto que a execução efetiva de Wellington estava fora de cogitação.

Em suma, o duelo era contrário às tendências pessoais de Wellington, ao direito civil, à doutrina cristã e, como devia parecer, à prudência política. Então, o que o primeiro-ministro de um rei que também era o chefe da Igreja da Inglaterra estava fazendo lá em Battersea, às 8h daquela fresca manhã de primavera? O que, diabos, ele estava pensando? Pois bem, como lhe diria qualquer um do pequeno grupo de curiosos ali presentes, ele — Arthur Wellesley, cavaleiro de Bath, barão de Wellington e Douro, visconde Wellington de Talavera e de Wellington, conde de Wellington, marquês de Wellington e Douro e duque de Wellington (para desfiar sua bateria completa de títulos) — estava defendendo sua honra de cavalheiro.

AS FORMAS DE RESPEITO

Segundo os códigos que regiam sua sociedade e sua classe, Wellington tinha o direito, como cavalheiro, de ser tratado com respeito pelos outros cavalheiros, prerrogativa flagrantemente violada pela acusação pública de Winchilsea. Portanto, no cerne da honra encontra-se esta ideia simples: ter honra significa ter direito ao respeito.

Mas o que queremos dizer com respeito? Recentemente, o filósofo Stephen Darwall fez uma distinção entre duas maneiras fundamentalmente diversas de se ter respeito por alguém. Uma delas, que ele denomina "respeito por avaliação", significa julgar uma pessoa de maneira positiva segundo um critério. Sair-se bem em comparação com um padrão significa essencialmente fazer melhor do que a maioria das outras pessoas. É neste sentido que respeitamos Rafael Nadal por sua destreza no tênis ou Meryl Streep por sua atuação. (Também usarei a palavra "estima" para esse respeito.) Wellington dificilmente seria indiferente a esse tipo de respeito. Como soldado, tinha atendido aos mais altos critérios de realização militar. A honra que lhe coube em decorrência disso era competitiva: teve-a por fazer melhor do que os outros. Recebeu a maioria de seus vários títulos por respeito a tais proezas.

Mas há outro tipo de respeito, o "respeito por reconhecimento", que significa (em termos abstratos) tratar as pessoas dando um peso adequado a algum fato referente a elas. Quando respeitamos pessoas de poder — um juiz no tribunal, por exemplo, ou um policial quando estamos dirigindo —, nós as tratamos com circunspecção porque têm a capacidade de nos obrigar a fazer determinadas coisas. Nosso respeito *reconhece* o fato daquele poder. Mas também podemos respeitar uma pessoa sensível falando-lhe com brandura, ou, no caso de uma pessoa incapacitada, ajudando-a quando pede auxílio. Em outras palavras, para respeitar as pessoas nesse sentido não é necessário considerá-las em posição especialmente elevada.

Como existem inúmeros tipos de fatos referentes às pessoas — fatos que podemos reconhecer e aos quais podemos reagir —, o respeito por reconhecimento pode ter uma grande variedade de tons emocionais e vir acompanhado de atitudes positivas ou negativas. Quando o imperador romano Calígula disse *Oderint dum metuant* [Que odeiem, desde que temam], estava manifestando seu prazer depravado em obter certa espécie de respeito; mas não era a espécie de respeito positivo que acompanha a honra.

Desse modo, a espécie de respeito por reconhecimento que é importante para a honra não se resume a dar o peso adequado a algum fato referente a alguém. Isso também requer — sobretudo como entendemos hoje — uma atitude positiva específica. De fato, penso que a atitude pertinente é exatamente aquela que mostramos quando temos a pessoa em alta estima. Por isso, a partir de agora, quando eu falar em respeito por reconhecimento, refiro-me ao tipo que envolve uma consideração positiva pela pessoa em virtude do fato reconhecido. Embora também encontremos essa consideração na estima, é importante, como veremos, diferenciar as bases dos julgamentos associados a espécies de respeito.

Estes dois tipos de respeito — o respeito por estima e o respeito por reconhecimento positivo — correspondem a dois tipos de honra. Existe a honra competitiva, que vem por graus; mas há também o que poderíamos chamar de "honra entre os pares", que rege as relações entre iguais. (Esta é uma distinção conceitual; não estou dizendo que esses dois tipos de honra estejam sempre compartimentados no uso corrente.) A honra entre os pares não é gradual: ou você tem ou não tem.

Henrique V da Inglaterra — o príncipe Hal de Shakespeare — nasceu para a honra, devido à sua linhagem real, mas sentia especial orgulho pela honra competitiva que conquistou com suas proezas militares, como na batalha de Agincourt, na qual seus exércitos derrotaram as forças reunidas do rei francês ("pois como sou um soldado,/ Nome que em meus pensamentos me faz melhor", ele diz no ato III, cena III). Um rei guerreiro do século XV não só governava o reino, mas também liderava seus exércitos. A honra real por nascimento era complementada pela honra marcial que ele conquistara por si mesmo.

São frequentes as evocações do ideal marcial na literatura de cavalaria. Um exemplo disso são as histórias da Távola Redonda do rei Artur, que eram itens obrigatórios na educação dos meninos das elites inglesas até anos bem avançados do século XX. Em *Morte d'Arthur*, primeira versão literária dessas narrativas — que sir Thomas Malory começou a escrever provavelmente nos anos 1450, quando estava preso na Torre de Londres, onde também estava encarcerado Henrique VI, filho e herdeiro de Henrique V —, sir Tristram diz que combateu "por amor a meu tio, rei Marcos, por amor à terra da Cornualha e para aumentar minha honra".[9] E, de fato, na fala mais famosa da peça de Shakespeare, Henrique V diz, no começo da batalha de Agincourt:

> ... se for um pecado cobiçar a honra
> Sou a mais pecadora alma existente.
> (ato IV, cena III)

No entanto, a honra competitiva, daquela espécie que sir Tristram, o príncipe Hal e o duque de Wellington conquistaram em batalha, não é a forma de honra que o duelo se prestava a defender. Wellington tratou Winchilsea como cavalheiro ao desafiá-lo para um duelo. Com isso, ele demonstrou respeito por reconhecimento: tratou Winchilsea de uma maneira que dava (pelos padrões de sua sociedade) o devido peso positivo ao fato de que o conde era um cavalheiro. Em troca, Wellington, mesmo claramente habilitado a receber um grande respeito por avaliação, já que era o comandante militar de maior êxito e um dos maiores estadistas da época, exigia de Winchilsea apenas o respeito por reconhecimento devido a qualquer cavalheiro. Era o respeito entre iguais.

A honra entre os pares é algo que as pessoas da posição certa têm, caso cumpram os códigos, ou não têm, caso não os cumpram. E o respeito mútuo que os cavalheiros deviam mostrar na Inglaterra do século XVIII e começo do século XIX era exatamente esse respeito entre iguais, fundado não na estima, mas no reconhecimento. Uma pessoa devia a um cavalheiro a mesma cortesia que devia a todos os outros. Se você fosse da posição social correta, o respeito que lhe cabia como cavalheiro, sua honra cavalheiresca, era igual, quer você fosse um magnífico herói militar, como o duque de Wellington, ou um mero senhor rural.

É importante entender que, embora a honra seja um título de direito ao respeito — e a vergonha surge quando você perde esse título —, uma pessoa de honra se preocupa em primeiro lugar não em ser respeitada, mas em ser *digna* de respeito. Alguém que só quer ser respeitado não se importa se está realmente vivendo de acordo com o código; quer apenas que *pensem* que vive conforme o código. Estará administrando sua reputação, e não mantendo sua honra. Para ser honrado, você precisa *entender* o código e estar *ligado* a ele — essas são as condições que o antropólogo Frank Henderson Stewart usa para definir o *senso de honra.*[10] Para a pessoa honrada, o que importa é a honra em si, e não suas recompensas. Você sente vergonha quando não atende aos critérios do código de honra; e se sente envergonhado — lembre-se do caso de Descartes — mesmo que ninguém mais saiba que você falhou.

A vergonha é o sentimento apropriado ao comportamento desonroso da pessoa. (Devido a essa conexão entre honra e vergonha, uma maneira de se referir àqueles que são especialmente desonrados é dizer que são desavergonhados.) Se você quebra os códigos, a resposta apropriada dos outros é, em primeiro lugar, deixar de respeitá-lo, e, em seguida, tratá-lo ativamente com desrespeito. O sentimento que temos em relação àqueles que fazem algo vergonhoso é o desprezo, e terei ocasião de usar neste livro o verbo levemente antiquado "desprezar", que significa ao mesmo tempo considerar e tratar com desprezo, assim como o verbo "honrar" significa a um só tempo considerar e tratar com respeito.

Já o que você deve sentir quando é honrado (ou age honradamente) é um pouco mais complicado. O orgulho é o contrário da vergonha, e por isso você poderia achar que é a reação correta ao comportamento honrado de alguém. Mas o orgulho parece mais cabível quando você faz algo extraordinário. Assim, uma pessoa honrada geralmente vai pensar que aquilo que ela fez era apenas o que tinha de ser feito. Se você for realmente honrado, é bem capaz de achar que viver de acordo com seus critérios não é motivo de orgulho maior do que respirar. A honra pode consistir em tomar o código como a coisa mais natural do mundo.

Assim, uma dificuldade em relação ao orgulho é que a modéstia pode fazer parte de um código de honra. No capítulo 2, tratarei de outra razão que torna, pelo menos no mundo cristão, a relação da honra com o orgulho mais complicada do que com a vergonha: a saber, uma tradição de hostilidade moral ao orgulho (ou à vaidade, como dizemos quando o desaprovamos), que remonta aos estoicos.[11] Henrique V identifica claramente o problema depois de receber notícias sobre a magnitude de sua vitória em Agincourt: "E proclame-se a morte a quem de nossa hoste/ Se vangloriar ou tomar a Deus o louvor/ Que apenas a Ele pertence" (ato IV, cena VIII).

Mas outras sociedades — a Grécia antiga, no passado remoto, ou entre os axântis, onde eu cresci, até hoje — pensavam que o orgulho e a exibição acompanhavam naturalmente a honra.[12] Existe um provérbio na língua do meu pai que diz: "A honra da pessoa é como um ovo; se ela não a segurar bem, cai e quebra". Uma forma de garantir que você está mantendo corretamente sua honra talvez seja lembrar aos outros de que você conhece seu valor. Na *Ilíada*, Aquiles em nada diminui sua honra ao dizer com todas as palavras: "E não olhas para mim e não vês como sou alto e belo? Homem nobre é meu pai e deusa é a mãe que me gerou".[13]

No mundo de Wellington, porém, essa espécie de ostentação teria sido indigna de um cavalheiro. Você mostrava seu valor em ação, e não entoando loas a si mesmo. Para ele, a reação emocional correta à própria honra não era o orgulho, mas o simples respeito próprio.

Afirmei que a pessoa honrada se preocupa com a honra, e não meramente com as recompensas sociais de ser considerada honrada. É verdade que emoções como a vergonha (e o orgulho) ganham mais força quando outras pessoas estão olhando — principalmente aquelas cujo respeito mais me importa. No entanto, a honra exige que eu me conforme ao critério por ele em si, e não pela reputação e suas recompensas. E quem quer a reputação em si está tomando um atalho desonroso.

Esta é uma das razões pelas quais a honestidade é tão essencial para a honra. (*Honestus* em latim pode significar tanto "honesto" quanto "honrado".) Uma das principais causas dos duelos era a acusação de mentira. As recompensas de uma boa reputação são consideráveis e, portanto, as tentações de ganhá-las sem merecê-las também o são. Talvez seja por isso que as penalidades para a perda do respeito — entre elas o desprezo e o eventual ostracismo — tendem a ser rigorosas.

Assim, é muito ilustrativo que Wellington tenha sido acusado por Winchilsea de desonestidade, tentando desviar a atenção do público de seu apoio aos católicos por meio de uma contribuição financeira a uma causa protestante. Se ele de fato estivesse fazendo o que Winchilsea alegou, isso seria vergonhoso. O código exigia que, feita uma alegação dessas, você limpasse seu nome; tinha de demonstrar que isso não era verdade. E a primeira maneira de demonstrar isso era pedir e receber uma retratação pública. Se o pedido fosse recusado, o mesmo código exigia que você desafiasse o acusador para um duelo; isso mostraria, entre outras coisas, que você preferia arriscar a vida a ser considerado culpado de algo desonroso.

O duelo mostra um amálgama levemente canhestro da preocupação em receber respeito e da preocupação em ser digno dele. O que dá início ao duelo é uma espécie de menosprezo, uma mostra de desrespeito. Mas, se você é digno de respeito, por que o mero fato de alguém desrespeitá-lo teria alguma importância? Não deveria ter valor apenas se o desrespeito fosse justificado (o que certamente não era o caso de Winchilsea)? A resposta, no mundo de Wellington, era que o código do cavalheiro insiste que, para ser digno de respeito, você tem de estar disposto a reagir a tais menosprezos. Um homem de honra deve estar pronto para defender sua honra — arriscar a vida para garantir que receba o respeito que lhe é devido. Ambos, Wellington e Winchilsea, pensavam que, ao duelar, estavam defendendo sua honra.

MUNDOS DA HONRA

Ser respeitado, evidentemente, é ser respeitado por alguém. Devido à ligação conceitual entre honra e ser respeitado, sempre podemos perguntar de quem se espera respeito. Normalmente, não é o respeito das pessoas em geral, e sim o respeito de um grupo social particular, que chamarei de "mundo da honra": um grupo de pessoas que aceita os mesmos códigos. O personagem Henrique v de Shakespeare, como seu modelo histórico, não se importa muito com as opiniões dos camponeses: deles espera obediência, e sem dúvida eles o têm em alta estima. Mas também espera que o respeitem e que o tratem com respeito. Por outro lado, não se incomoda se os estrangeiros — os sarracenos distantes, por exemplo — não o respeitam, uma vez que eles não entendem os códigos que regem sua vida.

Dizer que as pessoas têm honra é dizer que têm direito ao respeito de acordo com os códigos de seu mundo da honra. Mas é enganador dizer que alguém tem honra se você não aceita esses códigos. Nesse caso, é melhor dizer que a pessoa era honrada em determinado mundo da honra. Se você e eu partilhamos os códigos, não precisaremos relativizar dessa maneira. No mesmo mundo da honra, dizer "nós o honramos" e "ele tem honra" possui o mesmo efeito prático.

Ao avaliar o mundo da honra de Wellington e suas normas, vemos que, dos dez primeiros-ministros anteriores a ele, três — lorde Shelburne, William Pitt, o Jovem, e Canning — travaram duelos, além de Charles Fox e o conde de Bath, que quase foram primeiros-ministros; e, por fim, Peel, que sucedeu ao duque no cargo, também se mostrara disposto a aceitar desafios.[14] No episódio mais conhecido, Canning foi a campo em 1809 contra o visconde Castlereagh, quando eram membros do mesmo governo. Embora ambos tenham renunciado por causa do episódio, prosseguiram na carreira política com distinção ainda maior: Castlereagh iniciou uma década de serviços como ministro das Relações Exteriores em 1809, conduzindo as alianças britânicas que derrotaram Napoleão, e Canning, por sua vez, sucedeu-o no ministério e chegou a primeiro-ministro, cargo que ocupou por alguns meses em 1827.

Ninguém sofreu nenhuma penalidade pela participação no caso Wellington-Winchilsea. Pelo visto, Winchilsea e Falmouth não estavam destinados à grandeza, de modo que todas as indicações que temos sobre eles são de que provavelmente não houve nenhum processo. Todavia, Wellington continuou como primeiro-ministro e Hardinge tornou-se vice-rei da Índia, voltando à Inglaterra em 1852 para suceder o duque no comando supremo das Forças Armadas britânicas, cargo que ocuparia durante a Guerra da Crimeia, poucos anos mais tarde.

O duelo também exercia atração entre as elites políticas da nova república americana, cuja cultura tinha raízes britânicas. Um quarto de século antes, em julho de 1804, dois dos políticos mais importantes dos primórdios da república americana, Alexander Hamilton e Aaron Burr, travaram um duelo fatal — isto é, fatal para Hamilton — nas colinas de Weehauken, em New Jersey. Hamilton foi um dos autores dos *Papéis federalistas* (1788), que continuam a definir o significado da Constituição americana; foi também ministro da Fazenda. Nesse período, Burr era vice-presidente dos Estados Unidos. E a morte prematura de Hamilton — não tinha nem 50 anos — foi um dos grandes escândalos da época. Mas, mesmo acusado de homicídio em New Jersey e Nova York, Burr nunca foi efetivamente julgado e concluiu seu mandato na vice-presidência, embora muita gente desaprovasse totalmente o que ele havia feito.

A ausência de consequências legais para a ação de Burr — que era crime tanto em New Jersey quanto na Inglaterra — não surpreenderia ninguém na Inglaterra. No século anterior à data em que Wellington e Winchilsea se enfrentaram em Battersea Fields, era essencialmente inaudito que um cavalheiro britânico obediente às regras de honra fosse processado e condenado por matar um adversário em duelo.[15] O padrão vigente, caso um dos dois morresse, era que o outro escapasse para o estrangeiro e aguardasse para ver se haveria algum processo. Se não fosse acusado, você poderia voltar calmamente para o país e retomar suas atividades. Se fosse processado e tivesse se comportado da maneira apropriada, você exporia os fatos a um júri composto de seus pares, o juiz muito provavelmente seria compreensivo e, mesmo que não o fosse, muito provavelmente os jurados o absolveriam. Na improvável hipótese de ser condenado e sentenciado à morte, muito possivelmente você acabaria conseguindo o perdão por ter relações na corte. O duelo era uma maneira de sair impune de um homicídio.

E não porque as autoridades fossem melindrosas em executar sentenças capitais. Num ano normal do século XVIII, havia cerca de cem execuções na Inglaterra e no País de Gales; na metade do século, somente em Tyburn, o local das execuções públicas em Londres, eram mais de trinta por ano. E a execução de cavalheiros, até mesmo de membros da Câmara dos Lordes, não era apenas uma possibilidade legal: em 1760, um parlamentar da Câmara dos Lordes, o conde Ferrers, foi enforcado por homicídio em Tyburn. Mas a razão pela qual os duelistas não eram condenados era porque a norma jurídica oficial entrava em conflito com o consenso social entre a elite britânica.

Na verdade, desde o tempo da juventude de Wellington, houve com quase toda certeza um aumento na frequência dos duelos — em parte porque houve um longo período de guerras na virada do século XIX. Cerca de 500 mil britânicos tinham servido na Guerra Anglo-Francesa entre a execução de Luís XVI e a batalha de Waterloo.[16] Os oficiais voltaram do continente imbuídos da cultura de honra dos militares.

A TRANSFORMAÇÃO DOS CÓDIGOS

O andamento do duelo de Wellington refletia convenções nascidas no começo do século XVI na Itália e codificadas em documentos como o código do duelo irlandês, "estabelecido nas Sessões de Verão de Clonmel em 1777, pelos cavalheiros representantes de Tipperary, Galway, Mayo, Sligo e Roscommon, e prescrito para adoção geral em toda a Irlanda" — também conhecido como os "26 mandamentos".[17] O desafio de Wellington, entregue por seu assistente, sir Henry Hardinge, veterano das campanhas militares em Portugal e na Espanha que haviam convertido Wellington em herói nacional, seguindo as regras, mencionava apenas o pedido de satisfações de um cavalheiro, o que era suficiente para ser entendido. Hardinge havia providenciado uma carruagem para levar o médico de Wellington, o dr. John Robert Hume, mas sem lhe dizer qual o motivo da chamada. (Tratava-se de uma convenção; visto que o duelo era ilegal, se ele fosse avisado do motivo, poderia ficar sujeito a processo como cúmplice, caso as coisas dessem errado.) Assim, chegando ao campo, o bom doutor ficou atônito, como disse mais tarde à duquesa de Wellington, ao ver seu paciente preparando-se para atirar e levar um tiro. Wellington, rindo, disse a Hume: "Bem, ouso dizer que você não esperaria que fosse eu quem queria sua presença aqui". E o médico respondeu: "De fato, meu senhor, certamente é a última pessoa que eu esperaria ver aqui".[18]

Há algumas divergências na interpretação dos fatos depois que Hardinge deu o sinal: "Cavalheiros, estão prontos? Fogo". Wellington disparou primeiro, como vimos, e, segundo algumas versões, errou o alvo de propósito. Mas seria difícil saber se fez um esforço sincero para atingir o conde, uma vez que as pistolas de duelo não eram muito confiáveis e, de qualquer maneira, embora o duque fosse um grande general, não era, pelo visto, muito bom de pontaria.

A correspondência das damas inglesas da época traz inúmeros casos de acidentes de caça ocorridos com Sua Excelência, em tom de surpreendente simpatia. Lady Palmerston escreveu de Middleton, residência do conde e da condessa de Jersey, em 16 de janeiro de 1823: "O duque não teve sorte em Wherstead; atingiu o rosto de lorde Granville com nove tiros. Felizmente não acertou seus olhos, mas aquilo lhe causou muita dor".[19] (Você poderia pensar que quem não teve sorte foi lorde Granville.) E

Frances, lady Shelley, conta que Wellington, depois de ferir um cachorro e atingir as perneiras de um guarda-caças, encerrou o capítulo de acidentes do dia disparando numa velha que tinha cometido a imprudência de lavar roupa perto de uma janela aberta. "Fui ferida, milady", gritou a velha. "Minha boa mulher", respondeu lady Shelley, "este deveria ser o momento de maior orgulho de sua vida. Você teve a distinção de ser atingida pelo grande duque de Wellington!"[20]

Mas não há divergências sobre o que aconteceu depois que Wellington disparou. Como vimos, Winchilsea apontou a pistola para o ar, acima da cabeça, e disparou um tiro que ninguém pensaria que mirava o primeiro-ministro. Essa prática era conhecida como *deloping* [desistência]. Era uma indicação de que ele não queria prosseguir com o duelo.

Essa questão da desistência era controvertida. A regra XIII do código irlandês era muito clara: "Atirar em falso ou disparar no ar não é admissível *em nenhum caso*". E a seguir explicava a razão com igual clareza: "O desafiante não pode ter desafiado sem receber ofensa; e o desafiado, se cometeu ofensa, deve ter se retratado antes de vir a campo: a *brincadeira de criança* é desonrosa de ambos os lados, e por isso é proibida".[21] Mas aqui os cavalheiros da Irlanda exageravam. Era bastante claro o sentido da desistência. A presença de um cavalheiro num duelo indicava a disposição de morrer defendendo sua honra, e isso demonstrava que ele atendia a um dos critérios para ser honrado. Mas, se arriscar a vida podia mostrar que você se importava com a honra, matar realmente em defesa da honra mostrava apenas que você era um bom atirador, ou, pelo menos, um atirador com sorte. Um homem que se colocava em risco, mas sem nenhum esforço para se defender, demonstrava sua coragem de maneira ainda mais clara.

De fato, na noite anterior ao duelo, Winchilsea havia escrito a seu assistente, lorde Falmouth, dizendo que ia desistir. Na verdade, era apenas com essa condição que lorde Falmouth se dispunha a participar, pois ele (como quase todos os outros) era da opinião de que Winchilsea devia desculpas ao duque. Winchilsea escreveu: "Depois do primeiro tiro, oferecerei a expressão de arrependimento que então estarei pronto a fazer". E, embora admitisse na mesma mensagem que não devia ter publicado o texto, Winchilsea insistiu que não poderia ter se desculpado nos termos propostos por sir Henry Hardinge, pois isso "poderia me sujeitar a imputações que me tornariam a vida totalmente indigna".[22]

Quais eram essas "imputações"? A referência a Hardinge é uma pista. Na medida em que Hardinge havia escrito a Winchilsea em nome de Wellington, era evidente que ele tinha sido convocado como potencial assistente. Dado isso, *poderiam* pensar que Winchilsea estaria se desculpando apenas para evitar o duelo. Depois, lorde Falmouth apresentou outra explicação ao dr. Hume. Disse que Winchilsea "não poderia se retratar da ofensa de maneira suficientemente adequada, compatível com seu caráter como homem de honra, sem antes receber o disparo do duque".[23] Segundo essa explicação, Winchilsea sentiu que, mesmo estando errado, a retratação seria desonrosa, mas obrigar o duque a travar duelo, pôr-se na mira do disparo, desistir e então se retratar não seria uma desonra. Em termos mais simples: tendo acusado indevidamente Wellington, o conde pensou que devia oferecer ao primeiro-ministro a oportunidade de atirar nele.

Se era de fato isso o que Winchilsea estava pensando, alguns de seus contemporâneos acharam que ele não se comportou plenamente *comme il faut*. John Cam Hobhouse, amigo de lorde Byron e membro radical do Parlamento, escreveu em suas memórias:

> Creio que não se considerou justo que a pessoa acusada terminasse o duelo antes de se expor a dois disparos; e na segunda-feira seguinte a este episódio, quando o Orador e eu estávamos conversando

sobre isso em sua biblioteca, ele observou que lorde Winchilsea não tinha o direito de disparar no ar, mas deveria ter recebido o segundo tiro do duque [...]. O fato foi que nenhum dos lados ganhou muito crédito com a transação.[24]

Esse duelo é fascinante, entre outras coisas, porque nem mesmo Winchilsea e Falmouth tinham uma mesma versão coerente sobre o que estavam fazendo, e outras pessoas de seu círculo não concordavam com o que os dois julgavam ser ou não apropriado. O código não estava mais funcionando como deveria.

OBJEÇÕES TRADICIONAIS

Dada a grande ambivalência da sociedade britânica em relação aos duelos, vale a pena refletir sobre as razões que levaram a lei e a moral cristã convencional a se opor a essa prática. Uma das fontes do duelo europeu moderno era o chamado "julgamento por combate", no qual os integrantes da classe militar dirigente — cavalheiros do nível de escudeiro para cima — podiam resolver disputas legais por meio da passagem de armas, desde que lhes fosse "concedido o campo" por algum senhor feudal suficientemente importante — o duque de Burgundy, digamos, ou um monarca.

Desde cedo os papas se declararam contrários ao julgamento por combate: em meados do século IX, o papa Nicolau I escreveu uma carta ao imperador Carlos, o Calvo, condenando tal prática;[25] o Concílio de Trento se deu ao trabalho de fulminar em sua sessão final, em 1563, já no fim da Reforma, "o costume detestável de duelar, introduzido por artifício do demônio para que, pela morte sangrenta do corpo, possa consumar a perdição da alma".[26] O pressuposto do julgamento por combate era que Deus concederia a vitória ao cavaleiro cuja causa fosse justa.

Foi a esta forma de combate que a Igreja se opôs inicialmente. Uma das objeções era uma questão de moral bíblica. Em Lucas (4,9-12), Satã levou Cristo a "um pináculo do templo" em Jerusalém "e disse a ele: Se és o Filho de Deus, atira-te daqui para baixo".

> Pois está escrito: Ele dará ordem a seus anjos para que te guardem [...]
>
> E Jesus lhe respondeu: Está dito, não tentarás o Senhor, teu Deus.

Cristo está citando uma passagem do Deuteronômio (6,16) que se refere a um episódio em que os antigos israelitas quiseram forçar Deus, ameaçando apedrejar Moisés caso ele não conseguisse que o Senhor lhes levasse água no deserto. Aqui, tentar Deus é mais ou menos como querer forçar Deus. No julgamento por combate, o senhor feudal e os combatentes aos quais ele concedia o campo também estavam tentando Deus.

A objeção mais evidente, porém, era a violação do sexto mandamento (para quem é católico ou luterano, o quinto): não matarás. Num duelo por um ponto de honra, você se dispõe deliberadamente a matar um homem que o ofendeu ou foi ofendido por você. Do ponto de vista cristão, nenhum dos casos é razão suficiente para tirar a vida de uma pessoa.

Essas objeções ao julgamento por combate se estenderam ao duelo moderno. O problema racional, no fundo, era que um duelo se referia a uma ofensa de A contra a honra de B, mas — supondo-se a não intervenção divina — o desfecho não dependia, de maneira alguma, do fato de A ou B estar certo ou errado. Esse problema ficava especialmente claro quando a ofensa era acusar alguém de mentir. Touchstone, o palhaço de *Como gostais*, de Shakespeare (escrito por volta de 1600), ao arremedar a complicação que é um duelo, elabora as várias fases de uma briga entre ele e "certo cortesão", que começa quando o palhaço critica a barba do homem, mas só chega a um duelo efetivo sete etapas depois, quando o cortesão finalmente acusa o palhaço de estar mentindo (ato V, cena IV). No entanto, um duelo não estabelece a verdade: estar disposto a reagir à "mentira deslavada" lançando um desafio apenas mostra que você está determinado a sustentar sua palavra com a espada, seja verdade ou mentira o que você falou.

Um duelo podia demonstrar se você era valente ou temerário o suficiente para combater, refutando assim um tipo específico de insulto a um cavalheiro — a saber, que ele era um covarde. Mas o fato de matar ou ser morto pelo adversário não demonstrava que você era mais corajoso do que ele. Matar outro ser humano, ofensa contra a lei moral, e ser morto, ofensa contra a autopreservação racional: os dois riscos eram efeitos colaterais do processo. E a questão era se o objetivo ostensivo do duelo, a defesa da honra, valeria esse preço.

Desde o começo houve quem duvidasse. Francis Bacon, escrevendo sua *Charge touching duels* [Acusação referente aos duelos] (1614), mais de duzentos anos antes que Wellington desafiasse Winchilsea, lastimava: "É um efeito infeliz que homens jovens, cheios de futuro e esperança — ou, tal como dizem, *aurora filii*, filhos da aurora — [...] sejam desperdiçados e destruídos de maneira tão vã; mas é de se deplorar muito mais quando tanto sangue bom e nobre é derramado por tais tolices".[27]

Depois que o duelo passou do julgamento por combate, que só poderia se dar com a permissão do rei, para uma ação privada e ilegal, reivindicada como direito da nobreza, surgiu mais um problema: tornou-se crime de lesa-majestade. Assim, entre os grandes inimigos do duelo estavam homens como Francis Bacon e o cardeal Richelieu, contemporâneo mais jovem e francês do filósofo, que se empenhavam em ampliar o poder do Estado, em parte subordinando a nobreza, com suas pretensões independentes de honra, ao alcance cada vez mais geral da monarquia.

O cardeal, que era o principal ministro de Luís XIII, havia mandado executar o conde de Bouteville em 1627, num famoso episódio, quando este ignorou os novos decretos reais que reforçavam as leis existentes contra o duelo. (Visto que o conde já tinha travado mais de vinte duelos antes disso, não é de admirar que ficasse surpreso com essa nova insistência na letra de uma lei antiga.) Luís XIII, que era um entusiasta dos ideais de cavalaria, só tinha concordado com muita relutância com o esforço de fazer valer a velha proibição legal dos duelos depois que Richelieu o persuadiu de que o custo em sangue nobre derramado era alto demais. (Durante o reinado de seu pai, mais de 8 mil pessoas morreram em duelo.) Lorde Herbert de Cherbury, o embaixador britânico na corte de Luís XIII, escreveu em sua *Autobiografia* que, entre "os franceses daquela época", não havia "quase nenhum homem digno de se olhar que não tivesse matado alguém em duelo".[28] E o historiador e memorialista francês Amelot de Houssaye disse que "a conversa habitual das pessoas quando se encontravam de manhã era: 'Sabe quem duelou ontem?'; e depois do jantar: 'Sabe quem duelou hoje de manhã?'".[29]

Do ponto de vista do Estado moderno, que se desenvolvia com essa prática, o duelo era, como bem disse Francis Bacon, uma "ofensa de presunção".

> [O duelo] é uma afronta expressa à lei, como se existissem duas leis: uma delas é uma espécie de lei-fantasma, e a outra, uma lei da reputação, como dizem, de modo que São Paulo & Westminster, o púlpito e os tribunais de justiça têm de ceder lugar à lei [...] das mesas comuns e de tais veneráveis assembleias; os anuários religiosos e os códigos civis têm de ceder lugar a alguns panfletos franceses e italianos [...].[30]

Na época em que Bacon escrevia, "as brigas privadas entre grandes homens"[31] tinham se multiplicado de uma maneira inquietante na corte de Jaime I, o que levou o rei a emitir um decreto punindo não só o "combate singular" no país ou no exterior, mas também o desafio a duelo e, no caso dos assistentes, o comunicado da mensagem, bem como a cessão do campo. Já fazia um ano que Bacon era procurador-geral quando publicou sua *Charge touching duels*, onde incluiu parte de sua argumentação num caso que apresentara ao Tribunal da Câmara Estrelada.

No caso que Bacon escolheu para apresentar a posição do rei, havia duas acusações: "uma contra William Priest, cavalheiro, por escrever e enviar uma carta de desafio com uma vareta que seria o comprimento da arma; e a outra contra Richard Wright, escudeiro, por levar e entregar a dita carta e a vareta à parte desafiada". Os dois preenchiam os requisitos mínimos para um duelo: eram cavalheiros. Bacon reconheceu perante os juízes que "preferiria ter encontrado pessoas mais importantes como objeto para vossa censura".[32] De todo modo, o assunto era urgente e aparecera este caso. Além disso, "às vezes não é impróprio no governo que a classe mais alta seja admoestada por um exemplo da classe mais baixa, e que o cão seja castigado antes do leão". No começo do século XVII, o duelo já é uma instituição equalizadora, e é Bacon, falando contra ele, que insiste nas distinções de níveis entre os cavalheiros.

O DEBATE DO ILUMINISMO

Hoje, para nós, o argumento mais óbvio para admitir o duelo provavelmente seria que se trata da livre ação de participantes de mútuo acordo. Até onde sei, a primeira pessoa que sugere isso é William Hazlitt, o grande ensaísta e crítico inglês. Escrevendo provavelmente um ou dois anos antes do duelo de Wellington, ele opinava que o ato de duelar devia ser permitido por lei, pois — usando uma formulação moderna — tratava-se de uma ação consensual entre adultos.[33] Mas, na virada do século XIX, revogar a legislação contra a má conduta só porque atingia apenas voluntários era uma ideia radical demais.

A melhor defesa do duelo disponível no quadro intelectual da época segue em paralelo à teoria utilitarista da punição. Como escreveu Jeremy Bentham, o grande filósofo reformador utilitarista, em 1823: "Toda punição é em si um mal".[34] Assim, à primeira vista, pode parecer que, quando punimos as pessoas, estamos apenas somando um novo mal ao mal que elas já fizeram. Mas, como prossegue Bentham, um mundo com a instituição da pena, propriamente anunciada e ministrada, é um mundo livre de outros males dos quais não escaparíamos sem ela. Desde que o mal da punição seja menor do que os males que ela evita, podemos defendê-la racionalmente.

Agora vejamos o duelo. Uma sociedade onde as pessoas se tratam com respeito, onde as reputações não são manchadas por mentiras — onde, resumindo, os cavalheiros cuidam de suas condutas —, é preferível a outra em que isso não ocorre. A instituição do duelo fornece um incentivo bastante convincente para que os cavalheiros cuidem de suas condutas. Mas o duelo é diferente da punição num aspecto importante. Você pode defender a punição como elemento de dissuasão porque é uma prática utilizada por instituições públicas para o bem geral. Em contraste, para que o duelo, que é uma prática privada, funcione os duelistas têm de acreditar que tal ato atende a uma finalidade própria, uma vez que incentivar outras pessoas a serem honradas não é algo que motivaria as pessoas a arriscar a vida. Por que eu haveria de entrar em combate mortal com você para manter a boa educação dos outros? O senso de honra dá aos homens apenas razões privadas para duelar. Dentro da instituição do duelo, a razão para fazer e aceitar um desafio é evidente: se não agir assim, você perderá o direito ao respeito de seus semelhantes. Ademais, justificar o duelo como dissuasor da descortesia é adotar uma perspectiva externa ao mundo da honra.

Um argumento bastante parecido com esse foi muito utilizado no século XVIII, mas geralmente por pessoas que consideravam a prática do duelo imoral, irracional ou ambos. Em *History of the Reign of the Emperor Charles V* [História do reinado do imperador Carlos V], o clérigo e historiador escocês dr. William Robertson, reitor da Universidade de Edimburgo, escreveu que a prática não era "justificada por nenhum princípio da razão", e prosseguia:

> é preciso admitir que devemos atribuir a esse costume absurdo, em algum grau, a extraordinária gentileza e afabilidade das maneiras modernas e aquela atenção respeitosa de um homem a outro que atualmente tornam os intercursos sociais da vida muito mais agradáveis e decentes do que entre as nações mais civilizadas da Antiguidade.[35]

Esse lugar-comum do Iluminismo — que o duelo é irracional e não cristão, mas ao menos aprimora as maneiras — irritou visivelmente o principal filósofo do Iluminismo escocês, David Hume. Em 1742, ele incluiu uma discussão do duelo em seu ensaio "Sobre o surgimento e avanço das artes e ciências", a fim de refutar o argumento de que a instituição era útil "para o refinamento dos costumes".

Hume é severo na crítica: "a conversa entre os camponeses mais rústicos geralmente não vem acompanhada da rudeza que é capaz de ocasionar os duelos", ele diz. E objeta que, ao fazer uma distinção entre o homem de honra e o homem de virtude — ao reconhecer um sistema normativo de honra distinto da moralidade —, o código de honra permite que "devassos" e "esbanjadores" mantenham seu lugar numa sociedade que deveria repudiá-los.[36]

No mesmo ano, Francis Hutcheson — pai do Iluminismo

escocês, como se convencionou dizer — condena o duelo em seu manual *Philosophiae Moralis Institutio Compendiaria* [Uma breve introdução à filosofia moral]. O duelo é uma resposta cruel em excesso a mentiras e calúnias: "a morte é uma punição severa demais para palavras de opróbrio". E, de qualquer forma, "a fortuna do combate é cega e caprichosa".[37]

De fato, em vista da inconfiabilidade das pistolas de duelo do século XVIII, disparar à distância normal de doze a quinze metros significava, na maioria dos casos, deixar o resultado entregue ao acaso. Joseph Hamilton, em seu conhecido *Duelling handbook* [Manual do duelo], publicado logo após o duelo de Wellington, cita "um célebre escritor" que apontou esse aspecto com uma analogia convincente:

> Se, tendo capturado um homem que assassinou minha esposa, eu o levasse diante de um tribunal e pedisse justiça, o que haveríamos de pensar de um juiz que ordenasse que o criminoso e eu tirássemos na sorte qual de nós dois devia ir para a forca?[38]

Adam Smith, em *Lectures on Jurisprudence* [Aulas de jurisprudência], de 1762, argumenta que os duelos persistem porque a lei não é suficiente para proteger os homens das afrontas à honra que levam aos desafios: ele sugere que isso é uma falha da lei.

> Assim como a injúria causada tinha a intenção de expor e ridicularizar a pessoa, a punição adequada seria ridicularizar igualmente a pessoa que injuriou a outra, expondo-a à vergonha no pelourinho, com prisão ou multa, arbitrada de acordo com as circunstâncias da afronta.[39]

Aqui, Smith insiste num ponto que Hutcheson havia abordado: cabe ao governo garantir que a lei forneça remédio suficiente para os danos pelos quais os cavalheiros pedem satisfação. Se os "governantes civis" não atendem a isso, diz Hutcheson, a "maior parte da culpa" pelo duelo recai sobre eles. Tal como Hume, Smith não se empenha muito em afirmar que o duelo é ruim em si mesmo. Isso fica, eu diria, para um manual de introdução à filosofia.

William Godwin, o analista filosófico do século XVIII, num apêndice sobre o duelo de *Enquiry Concerning Political Justice* [Investigação sobre a justiça política], de 1793, não se concentra em mostrar se a prática é irracional e errada — isso ele também toma por líquido e certo —, e sim em provar que é preciso mais coragem para resistir ao desafio do que para aceitá-lo. "Qual dessas duas ações é o teste mais verdadeiro da coragem", ele pergunta, "engajar-se numa prática que nosso julgamento desaprova porque não podemos nos submeter às consequências de seguir esse julgamento ou fazer o que acreditamos ser correto e de bom grado enfrentar todas as consequências que podem acompanhar a prática da virtude?".[40] Aqui, com efeito, ele revestiu um argumento contra o duelo com a linguagem da honra. Mesmo o dr. Johnson, que dificilmente pode ser considerado um fervoroso adepto do Iluminismo, admitiu a James Boswell, numa das discussões sobre o duelo que mantiveram nas Hébridas, que "reconhecia sinceramente que não sabia explicar" a "racionalidade" do duelo.[41] Quando Voltaire, num aparte do *Dicionário filosófico*, observou que o duelo é "proibido pela razão, pela religião e por todas as leis", estava expressando uma posição que tinha consenso intelectual.[42]

Mas entenderemos erroneamente esse consenso se não enxergarmos o quanto esses cavalheiros também sentiam a atração da honra. Em *History of England* [História da Inglaterra], Hume diz que o duelo "derramou muito do melhor sangue da cristandade por mais de dois séculos", mas também concede que as máximas "absurdas" por trás do duelo são "generosas" (isto é, nobres), e assinala que, "a despeito do rigor da lei e da autoridade da razão, é tão grande a força predominante do costume que elas estão longe de ser totalmente desaprovadas".[43] Smith acredita que o duelo é uma reação a uma afronta genuína. Hutcheson não nega que há coisas importantes em jogo no duelo; apenas insiste que o duelo não é uma maneira razoável de atender a elas.

Não há muitos indícios de que os argumentos deles tenham tido grande aceitação entre os cavalheiros. James Boswell — além de biógrafo de Johnson, era também cavalheiro escocês de posição (nono senhor de Auchinleck) — pensou em aceitar vários desafios, embora tivesse obrigado Johnson a reconhecer que eram irracionais; e seu filho, sir Alexander Boswell, foi uma das últimas vítimas do duelo na Escócia, morrendo em março de 1822, depois de duelar em Auchtertool, em Fife.

Mas Boswell pai captou muito bem o conflito entre o dever cristão e as leis da honra numa das fascinantes notas de rodapé que se multiplicam em sua *Vida de Johnson*:

> Deve-se confessar que, pelas noções dominantes de honra, um cavalheiro que é desafiado se vê reduzido a uma alternativa terrível. Tem-se um exemplo notável disso numa cláusula do testamento do finado coronel Thomas, das Guardas, escrito na noite anterior à sua morte em duelo, em 3 de setembro de 1783: "Em primeiro lugar, entrego minha alma a Deus Todo-Poderoso, na esperança de Sua misericórdia e perdão pelo passo irreligioso que me vejo agora (em obediência aos costumes injustificáveis deste mundo perverso) na necessidade de tomar".[44]

Se argumentos morais e racionais irrefutáveis não conseguiram enfraquecer a instituição, o que aconteceu? Os desdobramentos do caso Wellington-Winchilsea são sugestivos.

Depois que Winchilsea disparou a arma no ar e assim satisfez seu senso de decoro um tanto excêntrico, sua manifestação escrita de contrição, redigida antes do duelo, foi apresentada a Wellington por intermédio dos assistentes. A resposta de Wellington foi: "Não é suficiente. Não é um pedido de desculpas". Hardinge insistiu que teriam de prosseguir com os disparos, a menos que o documento fosse retificado, deixando claro que Winchilsea se retratava. Foi neste momento que o dr. Hume fez a sugestão magnificamente útil de inserir as palavras "pedido de desculpas". Winchilsea e Falmouth concordaram. O dr. Hume conferiu o documento revisto, que incluía a promessa de Winchilsea de publicar o texto de retratação no *Standard*, nas mesmas páginas em que havia publicado a acusação que dera origem ao desafio de Wellington.

O acontecimento, como era de esperar, logo tomou conta de todas as conversas de Londres. Muitos se disseram chocados com o fato de o primeiro-ministro ter participado de um duelo. O *Times* declarou que o duelo fora totalmente desnecessário. O *Morning Herald* observou de forma sentenciosa: "Não admira que a multidão viole as leis quando os próprios legisladores, os grandes, os poderosos e os famosos desafiam-nas abertamente".[45] Outros, porém, ficaram surpresos com a participação do grande herói não porque fosse ilegal, mas porque ele ficou parecendo... pois bem, ridículo. Um cartunista anônimo publicou uma charge dos cinco homens, com Winchilsea dançando em cima de uma petição anticatólica enquanto o duque lhe arranca com um tiro a ponta da casaca. Embaixo de Wellington aparecem os versos:

O D-que, quando nas batalhas era comandante,
Não se dignava a ceder a nenhum inimigo aspirante;

Irá agora, sendo dignificado pelos favores reais,
Submeter-se ao insulto de um — ? — não, jamais!

Embaixo de Winchilsea lemos: "As doutrinas fundamentais do cristianismo subvertidas".[46] No fundo, Falmouth estende um papel a Hardinge, onde está escrito apenas "Desculpas". O efeito geral é realmente cômico.

"King's Colledge [*sic*] *to wit — a practical essay", de autor anônimo (talvez Thomas Howell Jones). Publicado por S. W. Fores, 41 Piccadilly, 1829. British Cartoon Archive, Universidade de Kent, <www.cartoons.ac.uk> (a atribuição a Jones está no site do King's College London: <http://www.kcl.ac.uk/depsta/iss/archives/wellington/duel17.htm>).*

Comentários de jornais e charges como esta tiveram importância fundamental para transformar a reação ao duelo. O surgimento da imprensa popular e de uma classe trabalhadora alfabetizada deixou cada vez mais claro — e, aumentando os sentimentos democráticos, cada vez mais inaceitável — que os cavalheiros estavam vivendo fora da lei. Quando o duelo era uma prática aristocrática conhecida basicamente apenas dentro da classe de seus praticantes, não havia espaço para que as atitudes dos plebeus modificassem esse mundo da honra. A imprensa moderna reuniu todos os cidadãos britânicos numa única comunidade de informação e avaliação.[47]

Apesar dessa leve zombaria, Wellington claramente levou a melhor no episódio. Hardinge ficara indignado em Battersea Fields com a recusa de Winchilsea em se desculpar, já que era evidente que ele estava errado. E essa foi a essência do protesto que ele leu logo após os duelistas tomarem posição. Em conversas com Falmouth antes e depois do duelo, Hardinge frisou a impropriedade, a seu ver, de impor ao duque a necessidade de trocar tiros. Com seu empenho frenético em dar ciência a Hardinge e a Wellington — e até mesmo ao dr. Hume — de suas razões para aceitar ser o assistente de Winchilsea, lorde Falmouth mostrava saber que eles julgavam sua participação indigna.

O discurso de Hardinge antes do duelo é um exercício brilhante de condescendência. Depois de insistir que Winchilsea e Falmouth eram os únicos responsáveis pelo fato de a disputa ter chegado àquele ponto extremo, disse-lhes que seriam os únicos responsáveis pelas consequências. E terminou dizendo: "Se agora não expresso minha opinião a vossas senhorias nos mesmos termos de repulsa que utilizei durante o andamento do assunto, é porque desejo imitar a moderação de lorde Wellington". (Naturalmente, dizer que não está qualificando de repulsivo o comportamento de alguém é apenas uma maneira indireta de expressar repulsa. Como escreveu mais tarde o dr. Hume, Winchilsea resmungou em resposta algo a respeito da "linguagem um tanto forte".) Quando Falmouth tentou mais uma vez justificar a insistência de Winchilsea no duelo, Hardinge o aparteou de forma ainda mais desdenhosa: "De fato, meu senhor Falmouth, não invejo seus sentimentos". Quase podemos ouvi-lo conter um risinho de escárnio.

Na narrativa do dr. Hume, a agitação cada vez maior de Falmouth cria um contraste com a sólida correção de Hardinge. No final, Falmouth talvez tenha chegado a ficar com lágrimas nos olhos — o médico não tem muita certeza disso. A posição de Hardinge é direta: como homem de honra, o duque julgou que não teve outra escolha senão lançar o desafio, mas o que o obrigou a isso foi algo desprezível.

O outro sentimento — a indignação com a recusa de Winchilsea em evitar o duelo com um pedido de desculpas — foi amplamente partilhado. Charles Greville sintetizou a reação (pelo menos em seus altos círculos) sem rodeios: "Nada pode se igualar à perplexidade provocada por este acontecimento. Cada um, claro, vê o fato por uma luz diferente. Todos culpam lorde Winchilsea, mas ficam divididos entre se o duque deveria ter duelado ou não". Talvez a contribuição mais marcante de Greville tenha sido chamar Winchilsea de "louco".[48]

Mas alguma coisa tinha mudado. Uma geração antes, não haveria nenhuma dúvida de que Wellington estava fazendo o que devia fazer. Poucas passagens do que foi escrito na época mostram com mais clareza a tensão entre a cultura da honra e o novo mundo que estava nascendo do que a avaliação pessoal e muito franca de Charles Greville — escrita, devo notar, para ser publicada somente após sua morte — sobre a decisão de Wellington em desafiar Winchilsea para um duelo.

> Penso que o duque não deveria tê-lo desafiado; foi muito imaturo, e ele está em uma posição demasiado alta e sua vida é tão *publica cura* que deveria ter tratado a ele e à sua carta com o desprezo que mereciam; foi um grande erro de julgamento, certamente venal,

pois é impossível não admirar o espírito elevado que desdenhou se proteger por trás das imunidades de seu grande caráter e posição, e a simplicidade, quase humildade, que o fez descer prontamente ao nível de lorde Winchilsea, quando poderia, sem se sujeitar a qualquer imputação aviltante à sua honra, ter adotado um tom de superioridade altiva e tratá-lo como indigno de atenção. No entanto, foi abaixo de sua dignidade; rebaixou-o, e foi um tanto ridículo.[49]

Greville defende a ideologia do duelo? Ao arriscar a própria vida, o duque ignorava o perigo evidente para o interesse público. O desafio, diz Greville, era "imaturo", "ridículo"; mas o erro de cometê-lo, ressalta, foi "venal". No mundo da honra, fazer-se ridículo, agir ignorando sua dignidade, é um pecado mortal. O que mais evidencia a defecção de Greville, abandonando a velha cultura do duelo, é o fato de ignorar o princípio de que, em campo, todos os cavalheiros são iguais. A regra XXXVIII do código que William Hamilton apresentava no *Manual do duelo* previamente mencionado é inequívoca: "As partes [...], pelo próprio ato de se encontrar, fizeram um reconhecimento da igualdade". E, ainda que o código fosse novidade — mais uma tentativa do começo do século XIX de atenuar os extremos do duelo —, esse elemento era inteiramente tradicional. Se existiam níveis sociais mesmo entre os cavalheiros — cada membro da Câmara dos Lordes tinha assento seguindo uma ordem de precedência —, um aspecto importante, como já frisei, era que todos pertenciam a um mesmo estrato social. Presumivelmente, é por isso que os pares se chamam pares. No mundo da honra, a igualdade entre os cavalheiros exibida no duelo expressava a superioridade deles em relação à plebe. Negue-se isso e todo o sistema começa a se esfacelar.

A dúvida de Greville sobre se Wellington devia ter pedido satisfações a Winchilsea indicava certa tensão no código de conduta cavalheiresca. Por um lado, havia uma insistência claramente hierárquica sobre a inferioridade das "ordens mais baixas"; por outro lado, havia um igualitarismo entre os níveis dos cavalheiros. Quando Greville disse que o conde não era do nível do duque — implicando que o duque estaria "se rebaixando" ao tratá-lo como igual — independentemente de qual fosse o significado de "nível" para Greville, ele estava apelando para um critério inadequado. E, de fato, ao rejeitar o ideal de uma forma de igualdade que ligava o maior grão-duque ao mais simples escudeiro rural, ele estava rejeitando esse único traço progressista do código moribundo. Na cultura do duelo, qualquer cavalheiro — e ninguém negaria que Winchilsea era um cavalheiro — era digno de atenção. Greville julgou imaturo o recontro de Wellington segundo um critério que não a honra cavalheiresca que por muito tempo fundamentou a prática.

Cabe dizer que o rei Jorge não demonstrou tal ambivalência. Manteve-se numa longa tradição europeia de tolerância monárquica diante das propensões da nobreza em desconsiderar leis tidas como expressão da vontade do soberano. Ao meio-dia, Wellington estava em Windsor para apresentar à corte o que havia acontecido. Greville nos conta que o rei ficou "extremamente satisfeito com o caso Winchilsea".[50] De acordo com o editor da *Literary Gazette*, Sua Majestade supôs que, em vista da suscetibilidade de Wellington, "sendo um soldado [...] o curso seguido fora inevitável".[51] Os cavalheiros militares, como sabia o rei, ocupavam um lugar decisivo no mundo da honra. E talvez por isso a opinião de muita gente do povo também parece ter sido favorável a Wellington. Como a duquesa de Wellington disse a seu filho, enquanto antes "a plebe [...] abusava de seu pai, agora o aplaudia novamente".[52]

Com quase toda a certeza, era exatamente isso que seu marido tinha planejado. Na atmosfera acalorada do debate constitucional, com o descontentamento fervendo na Inglaterra e na

Irlanda, a conversão de Wellington à causa católica havia incomodado muitos de seus concidadãos conservadores. Muitas calúnias tinham sido espalhadas a seu respeito. Wellington foi esperto em escolher o conde excêntrico e sua absurda alegação como símbolo de seus detratores. Escrevendo ao duque de Buckingham um mês após o duelo, comentou — a meio caminho entre a admissão e a ostentação — que, quando a "carta furiosa" de Winchilsea foi publicada, "percebi imediatamente a vantagem que ela me dava".

Para ambos, Wellington e Winchilsea, o duelo era uma tentativa de ganhar a opinião pública, embora previsivelmente houvesse muito mais coisa em jogo para o duque. Ele disse que tentava angariar para si a simpatia pública em face das insinuações e dos boatos de seus adversários políticos. E, a seu ver, obtivera pleno êxito. Winchilsea tinha feito seu jogo: fizera uma alegação absurda, recusara-se ofensivamente a retirá-la e então obrigara o duque a arriscar a vida. Em tudo isso, o primeiro-ministro procurou dar a aparência de que fazia, como sempre, apenas o que exigia o dever. "A atmosfera de calúnia em que eu vivia desde algum tempo se dissipou [...]. Fico satisfeito que os interesses públicos no momento exigissem que eu fizesse o que fiz", ele concluiu.[53]

Talvez a versão de Wellington, se a tomarmos ao pé da letra, represente a defecção mais escandalosa de todas. O que parecia uma relutante defesa da honra pessoal é remodelado nessa carta em frios termos instrumentais — como uma questão de cálculo e até mesmo manipulação política. A mais pura encarnação do código de honra teria sido posta ao serviço de fins políticos comuns.

O QUE MATOU O DUELO?

Como foi que o duelo propriamente dito acabou caindo em desgraça? De que maneira um conjunto de normas se enfraqueceu a ponto de um aristocrata como Charles Cavendish Fulke Greville ver o ato do duque como algo "imaturo"? Já vimos alguns elementos — como o surgimento do Estado administrativo e sua preocupação com uma legalidade ordenada; uma imprensa popular que converteu uma instituição restrita a um grupo em espetáculo para uma alegre plateia de espectadores externos; o enfraquecimento do princípio cavalheiresco da igualdade entre os superiores. Mas esses elementos poderiam ser sintomas de uma mudança maior?

Uma sugestão convincente — apresentada na obra de V. G. Kiernan, o principal historiador do duelo europeu — é que a classe que tinha o duelo como norma perdeu sua posição central na vida pública britânica. A aristocracia dirigente fora suplantada no começo do século XIX, segundo o famoso argumento de Marx, por uma nova classe — isto é, por homens como Peel, cujas famílias tinham feito fortuna no "comércio", como diziam os aristocratas em tom depreciativo. Desenvolviam-se novas burocracias estatais, com novos instrumentos, como a estatística, dirigidas por um funcionalismo público cada vez maior e mais profissionalizado.

Os homens de negócios acreditam em ser empresários eficientes; os burocratas sabidamente preferem as coisas em ordem. Muitos integrantes dessas novas classes eram favoráveis à reforma parlamentar. Eles queriam anular os direitos tradicionais da nobreza fundiária de distribuir os assentos na Câmara dos Comuns, acabar com a compra de votos e ampliar o sufrágio. A Lei da Liberação Católica era apenas um entre os muitos avanços e recuos nessa batalha. Embora permitisse o ingresso de católicos no Parlamento, o projeto de lei quintuplicava o valor do patrimônio exigido para votar para os assentos dos condados na Irlanda, passando de quarenta xelins (como tinha sido na Inglaterra por quase quatrocentos anos) para dez libras, contribuindo assim para aumentar as pressões pela reforma eleitoral que culminariam nos distúrbios que levaram à aprovação da Lei da Grande Reforma, apenas três anos depois, em 1832.

A tensão entre honra e legalidade deve ter parecido especialmente intensa a Wellington, pois ele era não só um soldado profissional, mas também um administrador público com longa folha de serviços, e vinha de uma família de administradores públicos. Seu irmão mais velho, o marquês Wellesley, era um dos principais servidores públicos da época. Havia sido governador-geral da Índia, embaixador na Espanha durante as Guerras Peninsulares e ministro das Relações Exteriores. William, seu outro irmão, segundo filho do conde de Mornington, também tinha sido ministro para a Irlanda, e mais tarde foi o diretor da Casa da Moeda sob lorde Liverpool, somando-se aos irmãos na Câmara dos Lordes em 1821, como lorde Maryborough, onde o caçula da família, Henry, que tinha sido embaixador na França, ingressou em 1828, como lorde Cowley.

O próprio duque — além de sua extraordinária carreira militar — tinha sido embaixador na França, primeiro plenipotenciário no Congresso de Viena e membro do Conselho Privado desde 1807, bem como, é claro, ministro-geral para a Irlanda. Ele havia ingressado no Parlamento irlandês aos 21 anos de idade. Como aristocratas com ligações militares, os Wellesley podiam ser favoráveis ao duelo; como servidores públicos, tinham as mesmas razões de Bacon e Richelieu para se opor à prática.

Quando o duelo moderno mal acabava de nascer, Francis Bacon já previu o mecanismo de sua extinção em seu discurso feito para a corte em *Charge touching duels*:

> Penso, meus senhores, que os homens de nascimento e qualidade abandonarão a prática quando ela começar [...] a descer a barbeiros, cirurgiões e açougueiros, e tais pessoas de vil ofício.[54]

Um duelo era uma questão de honra. Dependia da existência de uma classe poderosa, cujos membros podiam afirmar sua posição exercendo impunemente uma prática contrária à lei — algo que outros não conseguiriam. Mais um sinal do declínio da posição dessa classe foi, nas primeiras décadas do século XIX, o aumento na frequência dos duelos entre homens que se tinham algum título era em virtude de exercer uma profissão liberal ou ter feito fortuna no comércio. No momento em que "pessoas de vil ofício" tinham a possibilidade de travar duelo, estava esgotada sua capacidade de trazer distinção.

Quando o duelo está em ascensão, a caminho de seu apogeu no século XVIII, Bacon faz um prognóstico. Para um diagnóstico do passado, vejamos Richard Cobden, o grande parlamentar liberal, num discurso em Rochdale em 1859, lembrando quando o duelo era um "modo de enfrentar certo gênero de insulto". Cobden diz aos eleitores de Rochdale:

> Bem, eu lembro que alguns auxiliares de lojas de armarinhos meteram na cabeça de sair um domingo de manhã [...] e começaram a travar duelos; quando os auxiliares de lojas de armarinhos decidiram duelar, a coisa ficou muito infame aos olhos das classes superiores. [...] Agora, não haveria nada tão ridículo quanto um nobre ou cavalheiro pensar em se vingar de um insulto duelando.[55]

Para Cobden, a previsão de Bacon havia se confirmado, mesmo que tardiamente: a adoção do duelo por "homens humildes" levara ao abandono da prática entre a aristocracia. E seu tom de zombaria nos faz lembrar que, numa época cada vez mais democrática, o duelo era um símbolo pouco amado do privilégio aristocrático. Oscar Wilde comentou numa passagem famosa que enquanto a guerra fosse considerada cruel sempre teria seu fascínio. E concluía: "Quando for considerada vulgar, deixará de ser popular". Pode-se dizer algo muito semelhante em relação ao duelo; e poderíamos acrescentar que foi sua vulgarização crescente que finalmente deu evidência à sua crueldade. Enquanto a instituição era meramente condenada como loucura ou maldade, podia prosperar; somente quando foi desprezada é que veio a fraquejar.

Três anos depois de seu duelo, nos "Dias de Maio" — 7 a 15 de maio de 1832 —, Wellington não conseguiu formar um gabinete para Guilherme IV, o novo rei. A resistência do duque à reforma eleitoral — ou melhor, a resistência de muitos conservadores como ele na Câmara dos Lordes — levara a Inglaterra à iminência de uma revolução. Quando as revoltas se espalharam pelo reino, o idoso aristocrata teve de presenciar as concessões da Lei da Grande Reforma, que marcaram os primeiros passos rumo ao fim da supremacia da Câmara dos Lordes e ao começo da ascensão de uma Câmara dos Comuns, agora mais representativa da nova classe média mercantil e das profissões liberais. Como escreveu John Stuart Mill em 1840, "o governo da Inglaterra está passando progressivamente do governo de uma minoria para o governo não exatamente da maioria, mas de uma relativa maioria; do regime de uma aristocracia com infusão popular para o regime da classe média".[56]

Muitos desses novos homens compartilhavam as convicções evangélicas de William Wilberforce, que havia lutado por décadas não só em campanhas abolicionistas e pela moralização pública — inclusive em campanha contra os duelos —, mas também pela reforma parlamentar. Wellington e muitos de seus pares foram persuadidos a não se opor ao projeto de lei devido à ameaça do rei — sob a pressão insistente do conde Grey e seu gabinete — de eleger novos pares para vencê-los em número. E, quando o novo Parlamento se reuniu, Sua Alteza teria observado que "nunca tinha visto em sua vida tantos chapéus de chocante mau gosto".

Essas palavras de rabugento esnobismo, tal como o duelo com Winchilsea, refletem a distância entre seus sentimentos e o espírito dos tempos. Escrevendo em 1865, ao final de uma longa vida, John Cam Hobhouse, amigo de Byron, comentou a respeito da decisão de Wellington: "É difícil a esta altura, tantos anos após a mudança da opinião pública e dos costumes em relação ao duelo, apresentar um julgamento imparcial daquele episódio". Mas ele prosseguiu, como que narrando os hábitos de uma cultura estrangeira: "O duelo, tal como a luta de cães contra touros, o pugilismo, a rinha de galos e outras práticas bárbaras, tinha suas regras, que não podiam ser transgredidas sem acarretar censura".[57]

OS ÚLTIMOS DUELOS

As mudanças apresentadas acima ocorreram na Inglaterra. Em outros lugares — Estados Unidos, Rússia, Alemanha, Espanha —, o duelo terminou de maneiras diferentes, como seria de esperar, tendo em vista a variedade de contextos sociais e políticos nessas diversas sociedades. A honra não desapareceu com o duelo, evidentemente, nem nas Ilhas Britânicas nem em qualquer outro lugar. Mas, depois de séculos de tentativas, os burocratas, cujas reclamações ouvimos na *Charge touching duels* de Bacon, conseguiram o que queriam. Talvez nada mostre melhor a mudança de significado da palavra "cavalheiro" do que a declaração do cardeal Newman, a quem não pareceu absurdo dizer, em 1852, que "um cavalheiro é, quase por definição, aquele que nunca inflige dor".[58] Se este é o cavalheiro, nada seria menos cavalheiresco do que o duelo.

Em meados do século XIX, não se podia mais defender a honra nas Ilhas Britânicas com o duelo. James Kelly, autor de uma história do duelo irlandês, cita um certo capitão Smith que foi atingido e morto em 1833, em Fermoy, "após uma 'discussão furiosa' sobre os méritos relativos de vários regimentos"; mais tarde, ainda na década de 1830, lorde Londonderry e o lorde prefeito de Dublin e seus respectivos adversários saíram ilesos do campo de duelo.[59] Depois deles, cessam os registros.

O último cavalheiro a ser processado por duelo na Escócia foi a campo em agosto de 1826. Era um duelista relutante, um negociante de tecidos de Kirkcaldy (um comerciante, insistiria Wellington), e o adversário que o obrigou ao desafio era seu banqueiro, um ex-oficial militar. O banqueiro morreu; o empresário foi absolvido.[60]

E provavelmente a última vez em que um cavalheiro disparou contra outro no campo de honra na Inglaterra foi em 1852, quando George Smythe (amigo de Disraeli, e que lhe serviu de modelo para o personagem Coningsby) e um certo coronel Romilly, ambos membros do Parlamento pela Cantuária, resolveram uma disputa eleitoral no duelo geralmente tido como derradeiro na Inglaterra.[61] Kiernan conta que foi "um episódio apropriadamente burlesco, com os dois homens e seus assistentes tendo de dividir a carruagem de aluguel em Weybridge". De fato, há algo de cômico na imagem de dois cavalheiros e seus assistentes saindo do trem para dividir um táxi até um campo onde planejavam trocar tiros. Assim observou um contemporâneo: "O incidente foi tratado num artigo espirituoso no *Times*, e no fundo foi tão ridículo que contribuiu mais do que a moral para matar o duelo. *Solventur risu tabulae*".[62] O caso foi absolvido com risadas.

Entre os últimos duelos na Inglaterra, meu favorito foi o que ocorreu entre sir William Gregory, marido de lady Gregory, a famosa figura literária irlandesa, e outro membro do Turf Club, que foram a campo em Osterley Park em 1851, numa disputa bastante complicada por causa do acobertamento da propriedade de um cavalo. Muito tempo depois, sir William escreve um relato, dizendo no prefácio que deseja explicar ao filho por que fez algo "tão tolo, tão errado e tão contrário à opinião pública".[63] A descrição do duelo — que foi adiado por alguns dias, a fim de que ele tivesse tempo de receber seus prêmios numa corrida de cavalos — há de parecer involuntariamente cômica a um leitor contemporâneo. A certa altura, o assistente de Gregory, sir Robert Peel, filho do primeiro-ministro falecido pouco tempo antes, indaga em voz alta se a morte é a penalidade adequada para a mentira a respeito de um cavalo. Logo antes ele observa: "Claro, [...] se escaparmos à forca, teremos de morar no exterior pelo resto da vida"; e Gregory conta que então "discutimos nossa futura residência". Nossa esperança é que o filho de sir William, Robert Gregory (cuja morte na Primeira Guerra Mundial foi o tema de Yeats em "An Irish Airman Foresees His Death" ["Um piloto irlandês prevê sua morte"]), tenha se sentido realmente edificado com essa narrativa.

Quando perguntam a Guy Crouchback em *Officers and Gentlemen* [Oficiais e cavalheiros], o romance de Evelyn Waugh sobre a Segunda Guerra Mundial, o que ele faria se fosse desafiado para um duelo, sua resposta é lacônica: "Riria".[64] O processo terminou assim, mas os risos já haviam começado quando o grande duque de Wellington foi objeto de zombaria por ter desafiado aquele "louco", o conde de Winchilsea e Nottingham.

2. A libertação dos pés chineses

Não há nada que nos torne mais ridículos do que atar os pés.

Kang Youwei[1]

UM MEMORANDO AO TRONO

Em 1898, um intelectual chinês chamado Kang Youwei enviou um memorando ao Palácio Imperial em Beijing sobre o enfaixamento dos pés. Não havia nada de incomum nisso. Fazia séculos que o império era governado por letrados cultos, selecionados em exames extremamente severos e concorridos, e eram os magistrados — os mandarins — que ocupavam os governos locais nos condados chineses. Os melhores colocados nesse sistema de exames sucessivos — conhecidos como *jinshi* — eram chamados a Beijing para trabalhar no governo ou (se fossem excepcionalmente bem) na Academia Hanlin, onde estudavam os clássicos confucianos e aplicavam seus ensinamentos aos problemas do momento. Os letrados se comunicavam com os imperadores através de memorandos como o de Kang (convencionalmente chamados de "memoriais"), escritos numa elegante prosa clássica, que percorriam lentamente a burocracia até chegar ao alto. Se um memorial fosse considerado suficientemente importante, poderia de fato chegar ao palácio, em sua forma original ou remodelado em propostas que o imperador finalmente emitiria tal como os decretos que regiam o sistema imperial.

Kang era um membro destacado de um grupo de literatos do final do século XIX que, embora mergulhados nos antigos clássicos confucianos, estavam convencidos de que a China precisava se modernizar. Ao contrário dos conservadores que comandavam a burocracia nacional, eles acreditavam que, para levar o país aos novos tempos, havia muito a aprender com o Ocidente. Kang, pessoalmente, era defensor da monarquia Qing, mas também julgava que ela precisava de mudanças constitucionais.

Por trás da complexa formalidade do sistema imperial daquela época, havia um fato crucial evidente: no centro do labirinto estava Cixi, a imperatriz-mãe. Ela era, segundo todos os critérios, uma mulher extraordinária. Tinha chegado à Cidade Proibida, o enclave imperial no coração de Beijing, no verão de 1852, com dezesseis anos de idade, para ser uma das várias concubinas do novo imperador. Fazia mais de duzentos anos que uma dinastia estrangeira (da Manchúria) governava a China, e o novo imperador Xianfeng era o oitavo governante Qing. Seu antecessor morrera dois anos antes e, passado o devido período de luto, o monarca de 21 anos devia começar a formar sua coleção de concubinas.

Naquele ano, foram escolhidas sessenta jovens manchus entre os milhares de nomes apresentados de todas as partes do império, a partir de listas inspecionadas por funcionários locais e encaminhadas à capital. Essas listas traziam a relação dos antepassados de cada jovem, uma análise astrológica baseada na data do nascimento e uma descrição do caráter, da educação e da aparência física delas.

Cabia à viúva do finado imperador (a imperatriz-mãe da época) examinar e classificar as novas concubinas. Ao que parece, ela não ficou especialmente impressionada com a jovem, visto que Cixi foi colocada nos níveis mais baixos da relação de concubinas. Apenas três anos depois ela foi chamada à alcova imperial, para cumprir pela primeira vez a função que lhe cabia junto ao imperador Xianfeng.

Ao contrário da imperatriz-mãe, o imperador pelo visto gostou da moça quase de imediato, e a partir dali ela iniciou uma carreira meteórica, tanto em influência quanto em posição. Em 1856, deu ao imperador seu primeiro e único filho; um ano depois, quando a criança completou o primeiro ano de vida, ela recebeu posição imperial logo abaixo da imperatriz Ci'an.

Quando o marido morreu em 1861, seu filho, o novo imperador, tinha apenas cinco anos. E assim o império ingressou num período em que o poder ficou oficialmente dividido entre Cixi e a imperatriz-mãe Ci'an, de um lado, e um grupo de regentes do sexo masculino, de outro. (As duas mulheres eram conhecidas como Imperatriz-Mãe do Leste e Imperatriz-Mãe do Oeste, porque viviam nesses quadrantes da Cidade Proibida.)

Nas complexas lutas políticas que se seguiram, Cixi, com percepção aguda do poder e capacidade magistral de fazer alianças, gradualmente firmou sua superioridade. Depois da morte prematura do filho, vítima de varíola, ela colocou no trono o sobrinho de quatro anos, como imperador Guangxu. Há certa ironia no nome, pois *guangxu* significa "sucessão gloriosa", e o novo imperador era da mesma geração do anterior, o que constituía uma quebra da tradição manchu. De fato, o principal fundamento da pretensão do menino ao trono parece ter sido o apoio que seu pai deu a Cixi nas intrigas da corte.

Cixi era bonita, carismática, inteligente e divertida; sir Robert Hart, irlandês que foi inspetor-geral da alfândega chinesa de 1863 a 1911, disse que ela falava "numa voz muito feminina e agradável".[2] Ela mesma disse mais tarde que foi muito invejada na juventude, "porque era considerada uma bela mulher naquela época".[3] Nos brilhantes trajes de seda amarela imperial, com detalhes bordados em preto, vermelho, verde e azul, era uma figura impressionante, apesar de ter (como a rainha Vitória, que governava aquele outro império que a desafiava do outro lado do mundo) apenas 1,5 m de altura.

Desde a morte do marido até sua morte quase meio século depois, Cixi governou — à exceção de cem dias, aproximadamente — "por trás das cortinas", como diz a expressão chinesa. Em todo momento havia príncipes manchus no palácio, com máxima influência sobre ela e a naçao. Quando mudavam os rumos do governo, era porque ela havia transferido seu apoio de um grupo para outro. Enquanto a China aprendia a lidar com a interferência crescente de potências externas, essa mulher pequenina fez tudo o que pôde para sobreviver a qualquer contestação de sua autoridade dentro do país; mas sua avaliação do mundo exterior não era tão segura.

Em 1889, o imperador Guangxu — em cujo nome Cixi governava — completou dezoito anos de idade e começou a governar pessoalmente, pelo menos em termos oficiais. (Até mesmo isso foi um reflexo do poder da imperatriz: pela tradição, ele devia ter se livrado da regência aos dezesseis anos.) Mas a imperatriz-mãe ainda estava próxima do poder. Em abril de 1895, a China sofreu uma derrota naval do Japão e foi obrigada a assinar o humilhante Tratado de Shimonoseki. Foi o ano em que Kang, com muitos outros jovens estudiosos brilhantes, chegou a Beijing, com 37 anos de idade, para prestar os exames *jinshi*. Mas, antes mesmo de fazê-los, ele rompeu o protocolo e escreveu um memorial ao trono, uma petição de 10 mil palavras assinada por centenas de outros titulados em exames provinciais — os *juren* — que, como ele, estavam reunidos para prestar o *jinshi* (que era o exame mais rigoroso).

Os signatários insistiam que o trono devia resistir ao Japão e propunham reformas sociais, políticas e econômicas de grande magnitude. Suas ambições para o país tinham sido frustradas por muitos anos pelos integrantes mais antigos e graduados da burocracia. Embora o imperador parecesse ter consciência da necessidade de profundas mudanças, não tinha poder ou independência suficiente diante da imperatriz-mãe — ou dos aristocratas manchus apoiados por ela — para prevalecer sobre os funcionários que supostamente deveriam aconselhá-lo.

Então, por um período de aproximadamente cem dias, entre 11 de junho e 21 de setembro de 1898, o imperador começou a dar início a reformas realmente autênticas, em boa medida inspiradas em outros memoriais de Kang Youwei.[4] Nos Cem Dias, a imperatriz-mãe ficou observando enquanto o imperador emitia cerca de quarenta decretos. Ele aboliu o famoso "ensaio de oito pernas" — a forma em prosa altamente repetitiva do sistema tradicional de exames, estabelecida desde longa data;[5] procurou abrir o ensino à ciência ocidental e ao estudo do comércio, engenharia e mineração moderna; propôs a reforma do arcaico processo orçamentário e o fortalecimento da Marinha; dispensou funcionários graduados recalcitrantes; e, como disse um ingênuo admirador seu, um missionário britânico que morava em Beijing naquela época, tentou "abolir cargos inúteis em Beijing e nas províncias".[6]

O imperador chegou a encontrar Kang — mero pequeno funcionário na Câmara de Comércio —, o que era quase sem precedentes. Sentindo-se encorajado, Kang enviou uma enxurrada de escritos para o palácio nos Cem Dias, encaminhados sob a autoridade de vários altos funcionários e às vezes, ao que parece, por canais secretos oficiosos. (A amizade de Kang com Weng Tonghe, preceptor do imperador Guangxu, foi um fator importante.)[7]

Em meio a esses eventos épicos, Kang encontrou tempo para argumentar em seu memorial sobre o enfaixamento dos pés que era fundamental para a reforma da China alterar a posição das mulheres.[8] Para ele, esta era uma questão da maior importância. Kang resumiu em poucas páginas o argumento de que o trono deveria começar proibindo que se atassem os pés das mulheres.

Seu memorial faz uma comparação entre os chineses e os estrangeiros, sendo desfavorável aos primeiros. Dizia: "Olho os europeus e americanos, tão fortes e vigorosos porque suas mães não amarram os pés, e por isso têm filhos fortes. Agora que precisamos concorrer com outras nações, é perigoso transmitir uma progênie fraca".[9] Mas um tópico central de seu argumento se referia aos danos que o enfaixamento dos pés causava ao renome nacional da China. "Todos os países têm relações internacionais e comparam mutuamente suas instituições políticas", ele iniciava, "de forma que, se um comete o mais leve erro, os outros o ridicularizam e o tratam com superioridade." E prosseguia:

> Não é mais aquele tempo quando estávamos unidos sob um mesmo governo e isolados de todo o mundo. Agora a China é estreita e muito povoada, tem viciados em ópio e ruas cheias de mendigos. Os estrangeiros tiram fotografias e riem de nós por isso; criticam-nos por sermos bárbaros. Não há nada que nos torne mais ridículos do que atar os pés. Eu, vosso humilde criado, sinto-me profundamente envergonhado.[10]

Transcorreriam mais quatro anos antes que Cixi finalmente lançasse um decreto determinando o fim do enfaixamento dos pés. Nesse ínterim, muita coisa havia acontecido, mas, como veremos, o memorando de Kang não teve nenhum papel na decisão.

Embora o texto tenha falhado, seu argumento — o enfaixamento dos pés era uma mancha no brasão nacional — funcionou. Isso porque sua preocupação com a honra nacional era partilhada por muitos integrantes das classes cultas, que definiram a transformação da China de império em Estado moderno.

Os letrados, cujos antepassados haviam moldado o mundo imperial por mais de 2 mil anos, tiveram papel fundamental na dissolução de tradições imemoriais, tal como haviam tido em sua manutenção. Quero examinar o processo que levou Kang e seus colegas à convicção de que a honra da China exigia que se pusesse um fim a essa antiga tradição. A transformação social a que deram início, e que pôs fim a uma prática que moldara a vida da elite chinesa por cerca de um milênio, é a segunda de minhas revoluções morais.

HONRA E IDENTIDADE

Começamos nosso exame da honra pelo duelo, no qual o que está em jogo é a honra individual. Normalmente o cavalheiro ia a campo para defender sua própria honra. Mas os cavalheiros também lançavam desafios para defender a honra de damas: mães, irmãs, filhas, amantes, esposas e às vezes (nos primórdios) damas ligadas a seus suseranos. Empenhavam sua honra para defender a da dama; impugnavam a honra do cavalheiro que desafiam por ter envergonhado uma dama e assim transgredido o código de honra; mantinham a honra dela desgraçando a fonte de sua vergonha. Em decorrência disso, o sistema de honra podia exigir uma ação, ainda que você não tivesse feito nada e ninguém tivesse feito nada a você. Assim, mesmo nesta forma simples, a honra não é meramente pessoal.

De fato, a honra está associada intimamente e de muitas maneiras àqueles aspectos da identidade que derivam do pertencimento a grupos sociais. Como vimos no capítulo anterior, você trava o duelo por honra pessoal *enquanto* cavalheiro. Apenas cavalheiros podem lançar desafios; apenas cavalheiros podem aceitá-los. E, em geral, o título de um cavalheiro ao respeito de outros cavalheiros (e damas) está em conformidade com um código que faz exigências muito específicas. Ao transgredir o código, você perderá o direito de ser respeitado. As identidades coletivas moldam a honra individual, porque o respeito e o desprezo por indivíduos são moldados pelas maneiras que os julgamos, enquanto pertencentes a vários tipos sociais.

Assim, uma das maneiras em que a identidade tem importância é quando ela determina o que os códigos de honra exigem de você. (Algumas vezes, chamarei de *práticas da honra* as coisas que a honra exige ou permite a você.) Os exemplos mais evidentes estão relacionados com o sexo. Ser homem ou mulher desempenha frequentemente um papel fundamental na determinação daquilo que os códigos de honra lhe exigem, e qual o comportamento de sua parte que exige (ou perde) respeito. Com muita frequência, a classe social também é importante. Na Inglaterra setecentista, os códigos exigiam que os homens das classes superiores respondessem aos desafios de outros cavalheiros para um duelo. Na China oitocentista, os códigos exigiam que as mulheres das classes superiores amarrassem os pés. Em cada um desses códigos, o comportamento esperado dependia da posição social e do sexo; e as identidades dos outros moldavam como você deveria tratá-los. Um homem honrado casava-se com uma mulher de pés amarrados; uma mulher de pés amarrados não se casaria com um homem sem honra. Um cavalheiro aceitava de outros cavalheiros o desafio para um duelo, mas não de homens das "classes inferiores" — e tampouco de mulheres. A penalidade para todos os casos de transgressão desses códigos era a perda da honra, o que significa, como vimos, a perda do direito ao respeito.

Quando um sistema de honra se baseia na estima (e não apenas no reconhecimento), a distribuição da estima é comparativa. Isso é bastante evidente quando o critério que rege a estima é uma façanha militar, como na cultura profissional da honra de Wellington. Mas os julgamentos por estima, qualquer que seja o critério, quase sempre acarretam a comparação com aquilo que os filósofos Geoffrey Brennan e Philip Pettit chamam de "grupo de referência".[11] Suponha-se que eu estime você por ser uma enfermeira bondosa. O grau de bondade que merece estima numa enfermeira pode ser menor do que a bondade altruísta de um parente querido e maior do que a bondade de um bom samaritano comum. A avaliação de quão bem você se sai, segundo o critério apropriado a seu grupo, dependerá das expectativas normais em relação ao comportamento que os membros desse grupo devem adotar.

Sua identidade social não apenas determina os códigos aos quais você deve se adaptar, mas também estabelece com quem você está concorrendo pela honra. Com efeito, a honra opera para recompensar aqueles especialmente estimáveis entre os participantes daquele grupo social específico. Ela recompensa os que fazem mais do que devem, e assim oferece incentivos para que a pessoa vá "além e acima do chamado do dever".

Mas há outra maneira igualmente importante — e totalmente diferente — em que a identidade tem relevância para a honra: podemos *partilhar* a honra ou a desonra daqueles com quem partilhamos uma identidade. Em Shakespeare, quando Henrique V — no cerco da cidade portuária de Harfleur em 1415 — pede a seus seguidores que bradem "Deus ajude Henrique, a Inglaterra e são Jorge", eles sabem que o líder leva a campo não só sua honra pessoal, mas também a honra de seu país.

> Avante, ó mais nobres dos ingleses...
>
> Não desonreis vossas mães; provai agora

Que sois filhos daqueles a que chamais pais.
(ato III, cena I)

Assim fala Henrique, lembrando-lhes de que, como ele, têm sua honra e a honra do país a seus cuidados. Os ingleses plebeus nos postos de batalha, soldados camponeses que não eram nobres, poderiam compartilhar a honra participando no assalto à cidade fortificada de Harfleur como soldados. Na batalha de Agincourt, que ocorreu cerca de dois meses depois, o rei deixa explícito:

Nós poucos, nós os poucos felizardos, nós grupo de irmãos.
Pois quem hoje derramar seu sangue comigo
Será meu irmão; por mais vil que seja,
Este dia enobrecerá sua condição.
(ato IV, cena III)

Combater com Henrique em Agincourt "enobrece" sua "condição", transforma-o num cavalheiro; dá-lhe uma nova identidade social. (O fato de ser uma evidente hipérbole empregada pelo rei não diminui o sentimento da coisa.) Como sua honra se liga a você com uma identidade social específica, precisamos saber que tipo de pessoa você é antes de ver quais as formas de honra que estão a seu alcance.

Em termos simples, podemos ganhar e perder honra com os êxitos e os fracassos daqueles com quem partilhamos uma identidade. Quando o povo da Inglaterra recebe a notícia da vitória em Agincourt, pode se orgulhar pela honra da Inglaterra; quando os franceses recebem a notícia de sua derrota, saberão e sentirão a vergonha de seu país. O orgulho que sinto quando os soldados de meu país defendem civis inocentes contra homens que tentam massacrá-los numa terra distante vem a mim porque compartilho a honra de minha nação. Como veremos, há experiências análogas para muitos tipos de grupos — religiões, classes sociais e famílias são os que se destacam. (Muitos automóveis aqui nos Estados Unidos usam um adesivo que diz: "Pai orgulhoso de um estudante de honra".) Kang Youwei foi motivado — e também queria motivar outras pessoas — por uma questão que o povo chinês compartilhava em nome da honra de seu país. Assim, neste capítulo, examinarei uma segunda revolução na história moral de nossa espécie. Desta vez, porém, a mudança foi moldada não por alterações na paisagem da honra individual, e sim por transformações nas ideias sobre a honra de um povo.

OS PRIMÓRDIOS DO LÓTUS DOURADO

As origens exatas da amarração dos pés estão envoltas em controvérsias. Existem tradições que associam seus inícios ao rei e poeta Li Yu, o último governante Tang do sul, que resistiu ao domínio Song até o ano 975. (Se isso estiver correto, a amarração dos pés começou cerca de 1500 anos depois da morte de Confúcio.) Howard Levy, autor de uma das primeiras histórias modernas do enfaixamento dos pés, registra uma referência na obra de um comentador do século XII a um texto, agora perdido, que descrevia "a concubina favorita do palácio" de Li Yu, uma mulher conhecida como "Donzela Adorável",

> que era uma beldade de cintura esguia e dançarina talentosa. Ele mandou construir para ela um lótus em ouro de 1,80 m de altura. [...] A Donzela Adorável recebeu ordens de atar seus pés com seda branca para que as extremidades parecessem as pontas do crescente da lua. Então ela dançou no centro do lótus, rodopiando como uma nuvem a subir.[12]

Quaisquer que sejam os méritos históricos do relato, os pés amarrados da mulher chinesa passaram a ser conhecidos como lírio ou lótus dourado.

O enfaixamento dos pés começou como símbolo de posição elevada numa sociedade extremamente hierarquizada. No final do século XIII, escreve Levy, "as famílias que ostentavam linhagem aristocrática começaram a se sentir compelidas a amarrar os pés de suas meninas [...] como sinal visível de distinção social". A distinção era possível porque as mulheres da elite — aristocratas na corte ou damas nas províncias — não precisavam trabalhar na lavoura como as camponesas, nem fazer longas caminhadas até o mercado. Na verdade, os pés amarrados impediam que se afastassem de casa, garantindo assim — como colocou um tratado do século XIV (num argumento que seria retomado inúmeras vezes ao longo dos séculos) — a castidade delas.[13]

O lótus dourado está ligado desde o início à honra feminina. E, como a honra era um dos pré-requisitos essenciais para um casamento respeitável — que era um arranjo entre as famílias, e não uma escolha dos indivíduos —, as mulheres chinesas que esperavam desposar homens com alguma posição social precisavam ter os pés amarrados. Assim, os homens começaram a preferir mulheres de pés pequenos; e essa prática dolorosa tornava-se suportável para as mulheres — seja quando sofriam na própria carne, seja quando presenciavam a dor das filhas, sobrinhas e netas — pela convicção de que seus pezinhos minúsculos eram simplesmente lindos.

É difícil compartilhar dessa convicção quando você olha as imagens dos pés nus, libertados das amarras, que se tornaram um item constante nas campanhas posteriores contra essa prática. Mas cabe lembrar que não era isso o que a maioria das pessoas via, pois, uma vez amarrados, os pés das mulheres ficavam quase sempre calçados com elegantes sapatinhos bordados e coloridos.

De fato, um dos atributos de uma chinesa de boa família era a habilidade de fazer e bordar seus próprios sapatos, em cores apropriadas para as festas, para o luto e para o cotidiano, e também para usar à noite. Costurar uma coleção de sapatos para levar para a casa do marido fazia parte da preparação do enxoval de casamento; e uma sogra julgaria a nora, em parte, pela qualidade dos sapatos que trazia. Os homens só viam os pés nus das esposas no recesso privado. Como disse certa vez a sra. Archibald Little, uma das grandes defensoras do fim de tal prática e que reencontraremos mais adiante: "Todo chinês, quando acaricia os pés da noiva, gosta de imaginar que eles são como aparecem — minúsculos, acetinados e lindamente bordados".[14]

Uma mulher só via seus lótus dourados quando retirava as longas faixas para trocá-las; ao lavar os pés, polvilhá-los com talco, reamarrá-los e colocar seus sapatinhos vermelhos de dormir antes de se recolher — ou calçando as elegantes confecções para uso diurno que os outros vislumbrariam sob seus trajes. Mas não devemos supor que mesmo os pés descalços fossem objeto de repugnância. Longe disso. Há muitas fotos da virada do século XX com mulheres mostrando orgulhosamente seus lótus dourados; e a admiração por esses minúsculos pés quebrados, revelados em privado sem suas faixas, é um tema constante nos textos chineses ao longo dos séculos.

O COSTUME SE DIFUNDE

Antes que os manchus tomassem o império, a família imperial era, claro, chinesa; e um imperador chinês, no ápice de sua sociedade, tinha milhares de mulheres reservadas exclusivamente para seu uso. A Cidade Proibida, onde morava o imperador, ficava fechada à noite, exceto para o imperador, seus eunucos, suas esposas e suas concubinas. O cientista político Gerry Mackie apontou uma razão pela qual, nessas circunstâncias, a amarração dos pés teria se firmado e se difundido.

O imperador, cercado por todas essas mulheres, preocupava-se em garantir que fossem seus os filhos que elas dessem à luz. Por outro lado, as esposas e concubinas — cuja maioria provavelmente não geraria nenhum filho — teriam motivos "para procurar uma inseminação clandestina de homens mais disponíveis" do que o imperador. Haveria assim uma luta constante entre o imperador, com seu interesse em garantir a fidelidade delas, e essas mulheres, que teriam razões para fugir a seu controle. O fato de que todos os homens que trabalhavam no interior do palácio eram castrados era um reflexo dessa situação. Mas outro reflexo era também o fato de que os movimentos das mulheres eram limitados pela amarração dos pés.

A grande percepção de Mackie é que, uma vez implantado esse sistema, sua influência se difundiria para além do palácio.

> O estrato logo abaixo, concorrendo para fornecer esposas e concubinas ao ápice, imitará e exagerará a prática de controle da fidelidade, para obter acesso econômico, social e reprodutivo ao palácio. O vazio de mulheres no primeiro estrato abaixo será preenchido por mulheres ascendendo do segundo estrato abaixo, que por sua vez adotarão a convenção de controle da fidelidade e assim por diante, em todos os estratos até o último.[15]

E assim, durante a dinastia mongol Yuan (1271-1368), a amarração dos pés difundiu-se para o sul, pelo menos entre a elite. Ela ganhou popularidade entre as classes superiores da dinastia Ming, como mostra o grande romance erótico da dinastia Ming, *Jin Ping Mei*, conhecido em inglês como *The Golden Lotus* [O lótus dourado] ou *The Plum in the Golden Vase* [A ameixa no vaso dourado], que apareceu no final do século XVI. Quando o próspero mercador Hsi-men está em busca de uma nova esposa, a casamenteira que está arranjando o matrimônio encontra

> uma oportunidade de erguer ligeiramente a saia da dama, mostrando seus belos pés, com 7,5 cm de comprimento e não mais largos do que um polegar, bem pontiagudos e com o dorso alto. Estavam revestidos por calçados escarlates, bordados em fio de ouro com o desenho de uma nuvem, com saltos altos de seda branca. Hsi-men os observou com grande satisfação.[16]

Os manchus, que derrubaram a dinastia Ming em 1644 e instauraram a última dinastia imperial — Qing (1644-1912) —, tinham uma visão não muito clara a respeito da prática de atar os pés e tentaram de tempos em tempos, com graus variados de entusiasmo, erradicar os lótus dourados.

Seus primeiros decretos abolindo o enfaixamento dos pés foram emitidos logo após a tomada do poder. Mas, longe de diminuir sob o domínio manchu, a prática difundiu-se ainda mais entre a população chinesa. Até mesmo algumas aristocratas manchus ignoraram a proscrição oficial da prática, e os decretos foram revogados depois de se mostrarem ineficientes. Existem registros de amarração dos pés no século XIX entre algumas minorias que viviam no império, tais como os judeus em Hunan ou alguns muçulmanos perto da província de Gansu. Em sua maioria, mongóis e tibetanos se abstiveram, bem como os hakkas do sul da China. De modo geral, a prática era muito menos usual entre os pobres, sobretudo no sul, em áreas de agricultura intensiva, onde as mulheres trabalhavam nos arrozais. Mas existem relatos indicando que até mesmo algumas mendigas e aguadeiras tinham pés amarrados na área urbana de Hunan, bem como em várias áreas rurais no norte.[17]

Então, no final do século XIX, as chinesas, em especial aquelas das classes superiores, amarravam os pés das filhas fazia quase mil anos, embora a prática também tivesse sido periodicamente banida por decreto imperial durante mais de duzentos anos. As mulheres com pés normais eram ridicularizadas; as mulheres com pés pequenos, sobretudo com os minúsculos lótus dourados, com menos de 7,5 cm de comprimento, eram elogiadas e valorizadas, e seus pés eram objeto de atenção erótica. Os romances e manuais eróticos chineses falavam de homens que se excitavam pelo andar arrastado da mulher de pés amarrados ou ardiam ao afagar os pés desenfaixados. Descrevem posições sexuais em que os homens podiam acariciar os pés desenfaixados das amantes. Havia concursos públicos de pés minúsculos, em que a plateia, apreciando, podia comentar e avaliar os "tamanhos diminutos e as formas proporcionais" dos lótus dourados envoltos em seda.[18]

A DOR DO ENFAIXAMENTO

Atavam-se os pés das meninas, algumas desde os três ou quatro anos de idade. Se a intenção era obter o menor lótus dourado possível, a amarração era extremamente dolorosa. Esmagava os quatro artelhos menores sob a sola do pé e encurvava a parte de trás do astrágalo para a sola, obrigando os ossos do pé a formar um arco muito mais cavado do que qualquer ocorrência natural e criando uma espécie de fenda. Frequentemente era preciso limpar o sangue e o pus dos pés atados; de vez em quando as ataduras apodreciam e os artelhos se desprendiam. Com o tempo — depois de meses e anos — a dor diminuía, presumivelmente porque os nervos tinham sofrido dano permanente. De todo modo, as mulheres com pés atados tinham grande dificuldade de andar. Médicos missionários do final do século XIX — que, sem dúvida, tinham interesses um tanto etnocêntricos — registraram casos em que o enfaixamento provocou ulcerações, gangrenas, perda de um ou dos dois pés e até morte, no caso mais grave.[19]

É claro que raramente se atingia o tamanho ideal do lótus de 7,5 cm, sobretudo fora das classes superiores. As camponesas e trabalhadoras braçais geralmente passavam por uma forma mais branda de amarração, que podia começar quando a menina já tinha mais idade, e o processo era menos doloroso e deformador. O marido de uma mulher idosa de pés amarrados insistia que os pés menos deformados de doze centímetros de algumas trabalhadoras comuns não constituíam obstáculo para caminhar ou carregar cargas pesadas. Um pé de 7,5 cm, por outro lado, não permitia que a pessoa percorresse longas distâncias. As mulheres com o lótus de 7,5 cm muitas vezes eram transportadas em cadeiras de seda e se apoiavam nas criadas ao caminhar. Mas a maioria das mulheres de pés atados não precisava dessa assistência.[20]

Como as faixas eram usadas dia e noite, os pés amarrados tinham um odor característico — que alguns achavam extremamente desagradável e outros, sexualmente excitante. O entusiasta setecentista dos pés atados que usava pseudônimo e se apresentava como o "Doutor do Lótus Perfumado" escreveu uma monografia chamada *A Golden Garden Miscellany* [Uma miscelânea do jardim dourado], que consistia em comentários avulsos sobre a amarração de pés, entre os quais estava esta pérola:

> *Insuportável*: calos doídos; sentir o cheiro horrível quando a faixa é removida de repente.[21]

Não há dúvida, portanto, que todos entendiam que a amarração dos pés não só limitava os movimentos e contribuía para manter as mulheres submetidas às suas famílias e aos homens, mas também era extremamente dolorosa.

Tão logo a prática teve início, alguns letrados se opuseram a ela. Durante a dinastia Song (960-1279), consta que um escritor teria dito: "Crianças com menos de quatro ou cinco anos de idade, puras e inocentes, são obrigadas a sofrer dor ilimitada". E mesmo aqueles que eram favoráveis à prática reconheciam que ela causava dor às meninas. Eis outras duas máximas do Doutor do Lótus Perfumado:

> *Leve desprazer*: a mãe que ama as filhas, mas ainda não amarrou seus pés.
> *Insuportável de ouvir*: os gritos de uma menina quando seus pés são atados pela primeira vez.[22]

Como no caso do duelo, o que pôs fim à amarração dos pés não pode ter sido a descoberta de argumentos contrários a ela. Os argumentos são evidentes e eram amplamente conhecidos desde os primeiros dias do lótus dourado.

OS ÚLTIMOS DIAS DO IMPÉRIO

Para entender o fim do enfaixamento dos pés na virada do século XX, é preciso situar essa mudança no contexto das múltiplas transformações que ocorreram na China na segunda metade do século XIX, quando a dinastia Qing entrou em decadência definitiva. Essa dinastia era manchu, e teve início quando o bem organizado Estado da Manchúria, criado no começo do século XVII pelo cã Nurhaci, finalmente alcançou seu antigo objetivo de conquistar o Império do Meio. Depois de restaurar a ordem — dominando os bandidos que haviam infestado o norte e derrotando o rebelde Li Zicheng, que havia saqueado Beijing —, os manchus estenderam o controle por todo o império.

Mesmo tendo conquistado o império, eles mantiveram a estrutura do governo chinês: em particular, conservaram o sistema dos exames do funcionalismo público que criava e sustentava a classe dos letrados especializados nos clássicos confucianos.[23] O imperador Qianlong, que governou a China de 1736 a 1799, encarregou mais de 350 estudiosos e quase 4 mil copistas, trabalhando de 1773 a 1798 para catalogar a cultura literária chinesa nos 2,3 milhões de páginas do *Siku quanshu*, "o livro completo dos quatro repositórios imperiais" (embora também tenha determinado a eliminação de muitos milhares de volumes identificados durante esse empreendimento, os quais considerou objetáveis em aspectos variados). Uma das principais nomeações da corte foi o preceptor do imperador manchu, cuja tarefa, entre outras coisas, era orientar o imperador em seu estudo das tradições filosóficas chinesas.

Os letrados mais bem-sucedidos eram os que passavam nos exames, ganhando títulos, honra para suas famílias, isenção do trabalho braçal e o direito de usar roupas específicas.[24] Ao longo dos séculos, os letrados aposentados, ao voltar para os locais de origem, criaram uma nobreza local que se difundira por todo o império.[25] Essa pequena nobreza via o conhecimento dos clássicos, a habilidade para escrever ensaios e poemas e a perícia na caligrafia e na pintura como atributos dos homens de sua classe. Se a espada definia o cavalheiro inglês do século XVIII, aqui, durante milênios, o ideal da nobreza havia sido a pena — ou melhor, o pincel de caligrafia. No século XVIII, o cavalheiro inglês morava no campo durante a maior parte da vida e servia ao rei sobretudo em tempo de guerra; o ideal de um cavalheiro chinês era morar na cidade e servir ao imperador no governo, fosse em sua localidade ou na capital da província ou do império.

A sociedade Qing tornou-se cada vez mais conservadora e puritana em termos culturais. Em parte, isso era uma resposta à convicção de que o colapso da dinastia Ming havia sido o resultado de uma decadência moral generalizada, decorrente de não se seguirem estritamente as noções confucianas do dever. A adesão crescente a ideais confucianos traçados com rigor mostrava-se de várias maneiras. Numa escalada ao longo do século XVIII e até anos bem adiantados do século XIX, por exemplo, as viúvas das classes superiores deixavam de se casar novamente. A construção de arcos memoriais a viúvas fiéis "ficou tão descontrolada", como diz a historiadora Patricia Ebrey, "que em 1827 o governo decretou que só era permitido construir arcos coletivos, e que em 1843 apenas viúvas que chegavam ao extremo de se suicidar poderiam ser honradas com arcos".[26]

Esse conservadorismo somou-se ao fortalecimento do governo central para produzir uma sociedade que era estável e tecnologicamente avançada por critérios globais, mas extremamente hierarquizada e autoritária. E enquanto os três imperadores Qing, de 1662 a 1795, expandiram o império e asseguraram o controle do Estado, o mundo ao redor deles começava a se aproximar. Durante muitos séculos, os chineses mantiveram comércio com o Japão e os principais impérios marítimos da Europa — o português, o holandês e o britânico. Mas consideravam esses estrangeiros nitidamente inferiores. Em 1793, o imperador Qianlong, aceitando a ideologia de seus súditos chineses Han, respondeu a uma iniciativa diplomática da Inglaterra como se fosse simplesmente mais um tributo de uma das várias nações de segundo nível rendendo-lhe admiração:

> Ó Rei, vives além dos confins de muitos mares; porém, impelido por teu humilde desejo de partilhar os benefícios de nossa civilização, enviaste uma missão trazendo respeitosamente teu memorial. [...] Para mostrar tua devoção, também enviaste oferendas da produção de teu país.

Embora tivesse a benevolência de aceitar as "oferendas" de Jorge III, o imperador sentiu necessidade de ressaltar que foi apenas por reconhecer o espírito com que tinham sido feitas: "Como teu embaixador pode ver pessoalmente, possuímos todas as coisas. Não dou valor a objetos estranhos ou engenhosos, e não tenho uso para as manufaturas de teu país".[27] Inventado ou não, o mal-entendido é cômico.

Meio século depois, a Inglaterra, com suas novas tecnologias marítimas e militares, estava em posição de ameaçar a China numa capital do outro lado do mundo; e os Estados Unidos usavam novos vapores armados para fazer treinamentos no Pacífico. Em 1854, o almirante Perry obrigou os japoneses a encerrar mais de dois séculos de isolamento deliberado. Algumas décadas depois, com a Restauração Meiji, o próprio Japão era uma grande potência econômica e militar. A industrialização mudava o mundo, e a recusa da China em acompanhar as mudanças debilitou cada vez mais sua posição relativa.

A primeira vez em que a China realmente se deu conta dos problemas que os estrangeiros poderiam trazer foi com a primeira Guerra do Ópio, na virada dos anos 1840. Os interesses comerciais britânicos tinham desenvolvido uma lucrativa produção de ópio na Índia para vendê-la à China. No final do século XVIII, a Companhia Inglesa das Índias Orientais, que fabricava a droga em Bengala, havia aumentado maciçamente o fornecimento à China, contra os desejos do imperador, criando um sistema elaborado de contrabando; os ingleses precisavam de alguma coisa para oferecer aos chineses em pagamento pelo chá que estavam convertendo em estimulante favorito da Inglaterra. Em 1839, os dirigentes Qing decidiram que o ópio era demasiado prejudicial não só ao povo, mas também ao tesouro, visto que centenas de toneladas de prata estavam saindo anualmente no comércio de ópio, para permitir que prosseguissem. O imperador enviou um alto funcionário experiente, chamado Lin Zexu, ao porto de Guangzhou, a única cidade onde os europeus tinham permissão de morar e negociar, para insistir, depois de décadas de fracasso, no encerramento das importações de ópio.

Em maio de 1839, o superintendente-geral do Comércio Charles Elliot foi obrigado a entregar os estoques ingleses de ópio para serem destruídos. Dois meses depois, numa arruaça, marinheiros ingleses destruíram um templo e mataram um chinês na costa do país, em Kowloon. Quando as autoridades chinesas pediram que os marinheiros fossem entregues para julgamento, Elliot negou. Os chineses então insistiram que os ingleses concordassem não só em encerrar o comércio de ópio, mas também em reconhecer a autoridade dos tribunais chineses. Ao invés de acatar tais demandas, o superintendente-geral Elliot ordenou que os ingleses deixassem Guangzhou e interrompessem todo e qualquer comércio com os chineses.

No verão de 1840, uma grande flotilha inglesa saiu de Cingapura com o objetivo de restabelecer pela força das armas o comércio britânico na China nos termos anteriores. Além de quatro canhoneiras movidas a vapor, havia mais de outros quarenta navios, transportando cerca de 4 mil marinheiros ingleses e indianos. Lin não se impressionou com a chegada deles em junho, quando ancoraram no porto de Macau. Ele informou ao imperador que pareciam estar comercializando ópio e não parecia provável que pudessem causar muitos problemas. "É apenas isso que estão fazendo e, como sabeis Vossa Majestade, não há realmente nada que possam fazer."[28]

Não podia estar mais redondamente enganado. Depois de dois anos e várias batalhas navais, os britânicos tomaram Xangai e cercaram Nanquim. Os chineses se renderam. No Tratado de Nanquim, os chineses foram obrigados a aceitar termos humilhantes. Tiveram de pagar enormes indenizações em prata, abrir cinco "portos de tratado", reduzir as tarifas comerciais, ceder Hong Kong e concordar que todos os súditos britânicos na China seriam regidos pela lei britânica. Também garantiam à Inglaterra "o estatuto de nação mais favorecida", o que significava que qualquer concessão obtida por outras potências também seria outorgada a ela.

Nas décadas seguintes, os europeus fizeram imposições ainda maiores nos termos comerciais, forçando a abertura de outros portos e a retomada do comércio de ópio. Conseguiram tais objetivos instaurando a supremacia militar em terra e no mar. E, em 1846, numa iniciativa que teria consequências consideráveis para a questão dos pés atados, o governo francês insistiu que fosse permitida a entrada de missionários cristãos em todo o território chinês.[29]

Nas décadas punitivos do Tratado de Nanquim e a série aparentemente interminável de concessões feitas sob a força das armas nas décadas seguintes — até o Tratado de Shimonoseki que prenderia a atenção de Kang Youwei e seus colegas mais de meio século depois — enfraqueceram a autoridade dos imperadores manchus. As coisas pioraram ainda mais com uma série de revoltas internas, culminando na Rebelião de Taiping (1850-4), liderada por Hong Xiuquan, um hakka de uma família de agricultores de Guangdong, que tinha instrução suficiente para prestar os exames imperiais — embora não para ser aprovado. (Os hakkas são um grupo étnico meridional dos chineses han.)

Hong tinha entrado em contato com o cristianismo e, depois de ter uma visão de um branco de meia-idade, declarou ser o irmão mais novo de Jesus Cristo. Proclamou seu reino na terra, com capital em Nanquim, e deu-lhe o nome de *Tai Ping Tian Guo* — "Reino Celestial da Grande Paz" —, que é de onde tiramos o nome em inglês para a revolta. Mas as autoridades chinesas referiam-se aos taipings como os "Bandidos de Cabelos Compridos", pois eles usavam o cabelo à antiga maneira chinesa, e não em rabicho, como os manchus haviam imposto aos chineses han.

Hong foi doutrinado no cristianismo por um missionário, aprendendo as orações e os hinos, e adotando um regime especialmente puritano de aversão ao álcool, ao ópio e à prostituição, insistindo no fim das tradições chinesas, inclusive dos santuários e templos ancestrais (que considerava idólatras) e, para voltar ao nosso tema, do enfaixamento dos pés. À oposição a essas tradições chinesas, Hong somava um virulento sentimento antimanchu. Quando as forças taipings tomaram Nanquim em 1853, mataram todos os manchus, homens, mulheres e crianças, que haviam capturado, infligindo muitas mortes de brutalidade horripilante.

A hostilidade de Hong aos pés atados antecipava as campanhas posteriores das missões cristãs mais ortodoxas da Europa e dos Estados Unidos. Pode ser que ele estivesse simplesmente expressando a tradicional hostilidade hakka à prática.[30] Como os rebeldes taipings adotavam uma visão de igualdade entre homens e mulheres — o que não era um tema dominante na evangelização cristã —, fica difícil saber até que ponto Hong achava que sua posição contrária aos pés atados era uma questão de moral cristã. Como mencionei anteriormente, a ideia de que o enfaixamento dos pés ajudava a manter as mulheres "em seu lugar" era comum na China séculos antes de 1850.

Sem dúvida, Hong era tão desvairadamente herético — em suas primeiras visões, Jesus lhe apareceu ordenando que destruísse os demônios — que os cristãos europeus, que agora estavam solidamente estabelecidos nas cidades costeiras, como Xangai, não o consideravam um aliado. Quando os rebeldes taipings se acercaram de Xangai no começo dos anos 1860, foram vigorosamente repelidos pelas forças europeias. Por fim, um letrado confuciano de Hunan, chamado Zeng Guofan — que, como muitos chineses han, estava horrorizado com as apostasias de Hong em relação ao confucionismo —, organizou um novo exército, com mais de 100 mil soldados, para derrotar os rebeldes. Quando Zeng derrotou os taipings, Hong já havia morrido, mas muitos outros tinham se apercebido das fraquezas que a revolta taiping pusera à mostra. Zeng teve de continuar avançando com seu exército para derrotar outras insurreições em outros lugares.

Preocupados com as perdas para os estrangeiros e abalados pelas ameaças dos revoltosos ao governo, alguns concluíram que deviam aprender com o resto do mundo. Formaram um "Movimento de Autofortalecimento", liderado por figuras da corte como o príncipe manchu Yixin. Essa política foi empreendida em nível provincial por homens como Zeng Guofan e seus estudantes. Depois de derrotar a revolta taiping, Zeng foi recompensado com um cargo de maior autoridade.[31] Em 1864, seu colega mais jovem Li Hongzhang escreveu a Beijing explicando que a China enfrentava "a maior crise desde sua unificação sob o primeiro imperador em 221 a.C.".[32] A proposta de Li era que a China começasse a adotar a tecnologia ocidental e treinasse seu próprio povo para desenvolvê-la e usá-la. O governo autorizou o surgimento de jornais, criou uma escola de tradutores, construiu estaleiros e fábricas, minas de carvão e cotonifícios, e encomendou navios e armamentos modernos. Construiu as primeiras ferrovias e telégrafos, e abriu embaixadas chinesas nas principais capitais do mundo, de Tóquio a Washington.

Chineses de ambos os sexos começaram a estudar no Japão, e até mesmo na Europa e nos Estados Unidos. Mas a imperatriz-mãe nunca se alinhou totalmente com os defensores dessas mudanças; pelo contrário, jogou-os contra os tradicionalistas confucianos. Os argumentos dos grupos modernizadores eram refutados por muitos letrados que não se sentiam mobilizados pelo lema do autofortalecimento; julgavam que significaria adotar o tipo de modernização ocidentalizante que os japoneses haviam adotado. Como uma legião de Bartlebys, preferiam não fazê-lo.

Assim, eles não só antipatizavam com os modernizadores

locais, como também consideravam os cristãos estrangeiros uma ameaça à sua posição enquanto voz intelectual da civilização chinesa. A oposição sistemática dos missionários protestantes — sobretudo das mulheres — à prática de atar os pés era um dos vários pontos de atrito.

A REAÇÃO DOS LETRADOS

Antes disso, já havia cristãos na China: Matteo Ricci (que chegou em 1582) e seus companheiros jesuítas. Mas a decisão de aceitá-los tinha sido da China. Vestiam-se à chinesa e se moravam em Beijing era sob a condição de nunca voltar à terra de origem. Foi apenas na segunda metade do século XIX que a catequese cristã teve pela primeira vez autorização quase irrestrita. Missões católicas e protestantes da Europa e da América do Norte construíam igrejas e escolas e convertiam alguns chineses — especialmente entre os pobres, como sempre aconteceu na história das missões cristãs. Diferentemente dos católicos, os protestantes enviavam missionários de ambos os sexos, e as missionárias, caminhando com segurança em seus pés de tamanho natural, tomaram como vocação específica educar e elevar as mulheres.

Uma geração atrás, uma estudante de pós-graduação da Columbia, Virginia Chau, mostrou que já havia agitação entre os letrados contra o enfaixamento dos pés antes da chegada dos cristãos. Chau identificou um poeta Ming do século XVII que se deleitava com os artelhos grandes e carnudos das mulheres manchus. No final do século XVIII, o poeta e artista Yuan Mei, que admirava a poesia feminina e aceitava mulheres como alunas, escreveu numa carta a um amigo que manifestara o desejo de ter uma concubina com pés de lótus que, ao seguir o gosto de Li Yu (cuja concubina Donzela Adorável, como você há de lembrar, era a fonte mítica da ideia do lótus dourado), ele copiava um modelo inadequado, "o último rei de um reino conquistado".[33] O poeta Qian Yong, seu contemporâneo mais jovem, comentou (no espírito do classicismo confuciano que levou àqueles inúmeros memoriais das viúvas) que os clássicos não mencionavam o enfaixamento dos pés, e argumentou que existia uma correlação histórica entre a difusão da prática e o enfraquecimento dos reinos. E, numa linha de raciocínio que Francis Bacon seria capaz de reconhecer, ele prosseguia argumentando que, visto que a prática de amarrar os pés tinha sido adotada pelas classes inferiores, a nobreza deveria evitá-la.[34]

Chau também menciona Li Ruzhen, cujo romance *Flores no espelho* (publicado em 1828, mas provavelmente iniciado cerca de vinte anos antes) é uma espécie de *Viagens de Gulliver* da China. Li manifestava sua solidariedade às mulheres em geral numa sátira sobre o Reino da Mulher, em que descreve em tom compassivo os sofrimentos do mercador Lin, que, escolhido para ser concubino da "Rei" mulher, é submetido às dores e indignidades de atar os pés. Após dias de sofrimento, o mercador Lin arranca seus "sapatos bordados e faixas de seda". E então diz: "Vai dizer a teu 'Rei' para me condenar imediatamente à morte ou deixar meus pés livres".[35]

Mas, apesar desses primeiros críticos, a resistência organizada só se inicia depois das interferências dos missionários. Nos anos 1860, começaram a funcionar escolas femininas cristãs em muitas partes do país. Em Hangzhou, no delta do rio Yangtze, a missão da Igreja abriu uma escola para meninas em 1867, exigindo "desde o princípio", como escreve a sra. Archibald Little, "que os pés das meninas não fossem enfaixados e que elas não fossem obrigadas a se casar". Da mesma forma, quando os metodistas abriram uma escola feminina em Beijing, exigiram que todas as meninas tivessem os pés desenfaixados.[36]

Em 1874, o reverendo John Macgowan, da Sociedade Missionária Londrina, que estava em campanha por aproximadamente quinze anos contra a amarração dos pés, convocou, com sua esposa, uma reunião de mulheres cristãs em Xiamen (então conhecida em inglês como Amoy), na costa de Zhangzhou, na província de Fuji. "No final da reunião, nove mulheres 'assinaram' o compromisso de erradicar a prática pagã em seus lares e alhures, traçando uma cruz em seus nomes escritos por um pastor chinês."[37] Outras mulheres, em sua maioria trabalhadoras, também acabaram por se comprometer a não atar os pés das filhas e passaram elas mesmas pelo processo geralmente doloroso de soltar os próprios pés.[38] Mas o progresso era lento. Durante décadas, o casal Macgowan prosseguiu no trabalho de recrutar pessoas para sua "Sociedade para Abandonar o Enfaixamento dos Pés", ecoando o nome das sociedades "Para Abandonar o Fumo de Ópio", que se anteciparam em mais de um século ao trabalho de combate ao vício dos Alcoólicos Anônimos.[39] Essa foi a primeira sociedade contra o enfaixamento dos pés na China.

A partir dos anos 1880, o movimento encontrou apoio entre um número cada vez maior de jovens chineses de ambos os sexos, que tinham voltado de seus estudos no exterior. Entre eles havia moças da nobreza e das classes mercantis abastadas, que tinham sido enviadas ao Japão e retornaram dispostas a educar física e mentalmente uma nova geração de chinesas para um mundo mais emancipado. Foram as primeiras feministas chinesas, empenhadas na igualdade das mulheres. Nas escolas que fundaram, a educação física — esportes e exercícios — era o elemento central do currículo. O pressuposto, naturalmente, era que os pés não podiam estar atados.[40]

Os missionários, por seu lado, empenhavam-se cada vez mais em alcançar os letrados. Criaram jornais e revistas, entre os quais *Wanguo gongbao* [A Revista dos Tempos], fundada em 1868 pelo reverendo Young John Allen, da Missão Episcopal Metodista do Sul, dos Estados Unidos, e editada por ele até sua morte em 1907. Essa revista permitia o acesso dos letrados — em chinês clássico

— a ideias e acontecimentos fora da China, podendo ver novas opções de lidar com a crise que enfrentavam em sua sociedade. Igualmente importante foi a obra do reverendo Timothy Richard, da Sociedade Missionária Batista, que a partir de 1890 publicou durante algum tempo o periódico *Shi bao* [Os Tempos Orientais] em Tianjin, a convite do famoso letrado Li Hongzhang.[41]

Richard entendia melhor que a maioria dos missionários protestantes que a chave para a China estava com os letrados. Vestia-se como eles; gastava tempo, energia e dinheiro demais escrevendo, traduzindo e publicando textos cristãos — catecismos, sermões, o Novo Testamento — e se instruindo com o estudo dos textos que constituíam o núcleo da preparação para os exames nacionais. Horrorizado com a fome que presenciou em Shandong e Shanxi nos anos 1870 e pela incapacidade do regime manchu e seus agentes mandarins nas províncias em atender à crise, Richard chegou à conclusão de que o mais necessário para a China seria o conhecimento da ciência moderna, a qual, junto com o cristianismo, era um dos maiores frutos da civilização ocidental. "Ao refletir sobre a civilização ocidental", ele escreveu,

> percebi que sua vantagem sobre a civilização chinesa devia-se ao fato de que ela procurava descobrir as operações de Deus na Natureza e aplicar as leis da Natureza a serviço da humanidade [...]. Convenci-me de que, se pudesse lecionar aos funcionários e eruditos e interessá-los nesses milagres da ciência, conseguiria lhes apontar maneiras de utilizar as forças de Deus na Natureza em benefício de seus conterrâneos. Dessa forma, eu poderia influenciá-los a construir ferrovias, abrir minas, evitar a recorrência da fome e salvar as pessoas de sua opressiva pobreza.[42]

Foi a esse cristianismo modernizador, com seu conceito de uma ciência e uma tecnologia a serviço das necessidades humanas, que os letrados responderam. Kang Youwei — o *jinshi* que escreveu o memorial contra a amarração dos pés que citamos no começo — declarou certa vez: "Devo minha conversão à reforma e meu conhecimento da reforma principalmente aos escritos de dois missionários, o reverendo Timothy Richard [...] e o reverendo dr. Allen".[43] Mas — sejamos claros — foi à reforma que ele se converteu, e não ao cristianismo.

De fato, a única área na qual os missionários fizeram poucos avanços foi na tarefa de realmente criar novos cristãos. "Em 1894", escrevem John King Fairchild e Merel Goldman, "o trabalho missionário protestante sustentava mais de 1300 missionários, sobretudo ingleses, americanos e canadenses, e mantinha cerca de quinhentos postos — todos com igreja, moradias, capelas, geralmente uma pequena escola e, às vezes, um hospital ou dispensário — em uma média de 350 vilas e cidades". E, no entanto, naquele país com mais de 400 milhões de habitantes, não havia nem 60 mil cristãos convertidos.[44] A boa-nova dos missionários, para muitos chineses interessados, era a modernidade ocidental, e não a salvação em Cristo.

Sem dúvida, as revistas e jornais ocidentalizantes permitiram a muitos letrados, como Kang, uma visão mais cosmopolita, e foi entre seus leitores que se desenvolveu um segundo tipo de sociedade contra o enfaixamento dos pés. Kang escreveu em sua autobiografia que foi a *Wanguo gongbao* que o apresentou às ideias ocidentais, a partir de 1883, e que isso o levou a começar a pensar na amarração dos pés.[45] Ele disse que tinha ficado perturbado com os sofrimentos de suas irmãs ao atarem os pés delas. Quando chegou o momento, ele não permitiu que atassem os pés de sua filha. A família insistiu que Kang mudasse de ideia. Em vez disso, ele criou a Associação dos Pés Desamarrados — *Bu Guozu Hui* — em Guangzhou, em 1894, com outros letrados que tinham viajado à América e que, tal como Kang, não queriam ter os pés de suas filhas amarrados. Mais tarde ele transferiu a base de operações para Xangai, onde a sociedade alcançou mais de 10 mil membros.[46] E então, em 1898, ele fez o apelo escrito ao imperador por onde começamos: a petição para que se terminasse com o enfaixamento dos pés de uma vez por todas.

Macgowan representava o programa missionário; Kang representava os novos letrados reformadores. No desdobramento final do movimento pelos pés normais, houve mais uma voz importante: a das mulheres expatriadas da elite, as prósperas esposas dos funcionários e empresários dos portos comerciais da costa. Na década de 1890, Macgowan encontrou a sra. Archibald Little em Xangai. Inspirada por ele, ela reuniu a elite expatriada em Xangai, convidou Macgowan para discursar e fundou uma nova sociedade nacional contra o enfaixamento dos pés, a *Tianzu Hui*, que ela traduziu por "Sociedade dos Pés Naturais". (O reverendo Macgowan preferia traduzir *Tianzu Hui* por "Sociedade dos Pés Celestiais", certamente frisando o significado religioso de abandonar tradições não cristãs.)[47] Timothy Richard ajudou redigindo e publicando seus panfletos contra a prática da amarração dos pés.

A sra. Little havia chegado à China em 1887, depois de se casar com Archibald Little, um inglês que fora para o Oriente quase trinta anos antes e, na época do casamento, era um empresário de sucesso, sediado em Chongqing, em Sichuan. Ela já possuía uma carreira de sucesso com o nome de solteira, Alicia Bewicke, escrevendo romances satíricos sobre a vida social fútil dos ricos e os disparates do mercado matrimonial.[48] Assim, ela tinha levado uma vida de jovem independente e, com o apoio do marido, empreendeu uma campanha ativa contra a amarração dos pés em toda a China.

Talvez pelo fato de não ser missionária, a sra. Little percebeu que a associação entre o cristianismo e a oposição ao enfaixamento dos pés numa sociedade esmagadoramente confuciana era uma séria desvantagem. Em suas viagens pelo país, ela se dirigia tam bém aos letrados e, em 1900, conseguiu converter à causa o então governador-geral de Guangzhou, Li Hongzhang.

Mas outros letrados importantes chegaram por suas próprias vias à mesma conclusão. Em 1897, Zhang Zhidong, governador-geral de Hunan e Hubei, publicou um ensaio apoiando a campanha contra a amarração dos pés que se tornou uma das armas mais poderosas no arsenal da Sociedade dos Pés Naturais.[49] Numa das reuniões da sra. Little em Wuhan, capital de Hubei, onde ela decorou o salão com "cartazes enormes" no estilo literário "inimitável" de Zhang, "um mandarim militar apenas se dignou a estudar esse cartaz, sem condescender visivelmente a ouvir qualquer de minhas palavras de sabedoria, mas no final ele se inscreveu como membro de nossa sociedade".[50] A direção do *Tianzu Hui* passou para mãos chinesas quando a sra. Little, com o marido doente, voltou para a Inglaterra em 1907.[51] Logo depois a sociedade desapareceu — não por ter perdido apoio, e sim porque seus argumentos prevaleceram, pelo menos entre as classes superiores.

Ao lidar com os problemas que afetavam sua sociedade no final do século XIX, os intelectuais modernizadores da China, bem como seus adversários, eram guiados por uma profunda lealdade à nação e às suas tradições intelectuais mais profundas. Muitos modernizadores insistiam na distinção entre *ti* (substância) e *yong* (aplicação): eles defendiam, como diziam, o "saber chinês para os princípios fundamentais, e o saber ocidental para as aplicações práticas".[52] Ao atacar a amarração dos pés, eles frisavam que era uma prática desconhecida nos tempos de Confúcio, e que, na verdade, havia surgido muito mais de mil anos após sua morte. Mas alguns também afirmavam que os argumentos e publicações dos missionários e do *Tianzu Hui* tinham exercido grande impacto em suas ideias — e não pouco — ao mostrar o grande desrespeito que a amarração dos pés havia acarretado para a China e a civilização chinesa.

MUNDOS DA HONRA

Eu disse antes que a honra habita o mundo da honra: um grupo de pessoas que reconhece os mesmos códigos, e cujo respeito se deseja ter. Mas é importante entender que um mundo da honra não precisa se limitar à própria sociedade do indivíduo. Henrique V certamente acreditava merecer o respeito de príncipes estrangeiros. O mundo da honra consiste em pessoas que entendem e reconhecem o código de honra, ainda que, como os camponeses ingleses, esse código não lhes exija muito (ou mesmo nada). O mundo da honra dos intelectuais chineses no começo do século XIX não incluía pessoas de outros lugares; mas o memorial de Kang mostra que, no final do século, pelo menos alguns deles se viam como parte de um mundo maior de nações, empenhadas na avaliação mútua de suas sociedades. Agora o mundo da honra deles incluía os japoneses, os europeus e os americanos, cujas avaliações críticas enfraqueciam a pretensão da China ao respeito.

No mundo da honra, algumas pessoas são definidas como seus pares de honra, porque os códigos fazem as mesmas exigências a você e a elas. Para o príncipe Hal, no que se refere à sua honra militar, seus pares de honra são cavalheiros — não apenas cavalheiros ingleses, mas todos os cavalheiros. As damas inglesas são os pares de honra das damas em geral, mesmo que sejam regidas por regras muito diferentes. Como as pessoas não reconhecem necessariamente que um código de honra é produto de uma sociedade particular e de um espaço particular, podem se enganar e tomar como par de honra alguém que não o é. E o mundo da honra consiste em mais coisas do que seus pares de honra: muitos códigos de honra, como vimos, fazem exigências às mulheres que são diferentes das feitas aos homens (como é o caso frequente da castidade), mas os dois sexos pertencem ao mundo da honra desses códigos. Uma das maneiras como os missionários conseguiram ter influência foi enfatizando que viam os letrados como parte de seu próprio mundo da honra. Pessoas como o reverendo Richard, que respeitava tão visivelmente muitas coisas da herança confuciana e que se vestia pessoalmente como um letrado chinês, incentivavam a ideia de que ocidentais e chineses podiam não só recorrer aos mesmos critérios, mas também ser pares de honra.

A GUERRA DOS BOXERS E SUAS CONSEQUÊNCIAS

Aqueles cem dias de reforma em 1898 em que Kang teve uma extraordinária influência terminaram com a mesma brusquidão com que haviam começado. As mudanças radicais propostas pelo imperador desagradaram à burocracia no palácio e na capital. Os velhos exames tinham criado suas carreiras; a nova ciência era exatamente o que ignoravam; não queriam ser abolidos. Os conservadores esperaram até conseguir o apoio da imperatriz-mãe, e então deram praticamente um golpe. Kang teve sorte e fugiu para o Japão; outros seis líderes reformistas, inclusive o irmão dele, foram executados. A imperatriz-mãe voltou ao centro do poder, comandando por trás das cortinas mesmo quando o imperador estava à vista.[53] Assim, era ela a mandante quando se iniciou, no longo e abafado verão de 1900, o último grande levante da dinastia Qing: a Guerra dos Boxers.[54]

Os boxers (como vieram a ser conhecidos no Ocidente os membros da Sociedade dos Punhos Virtuosos e Harmoniosos) acreditavam que muitos dos problemas que afligiam sua sociedade resultavam da presença indevida de estrangeiros no país. A presença estrangeira interferia no fluxo natural da energia; perturbava a harmonia entre o ambiente humano e a natureza — o feng shui — com suas ferrovias e telégrafos; incomodava os ancestrais. Os boxers aparentemente contavam com o apoio de uma facção no palácio: os manchus conservadores Chapéus de Ferro, que achavam que poderiam usar o movimento para livrar definitivamente o país da influência perniciosa dos estrangeiros. Mas outra facção, sediada no Zongli Yamen, que era encarregada das relações exteriores, parece ter reconhecido que seria extremamente imprudente provocar o Japão e as potências europeias. A facção que conhecia melhor os estrangeiros tinha razão. Quando as nações ocidentais enviaram forças para restabelecer a ordem em Beijing, facilmente derrotaram os defensores chineses e saquearam o palácio e a cidade.

Li Hongzhang — o mesmo do Movimento de Autofortalecimento — negociou um acordo. Os termos do tratado foram tão punitivos quanto os outros impostos na longa sucessão de derrotas nas guerras com o Ocidente. Mas Cixi permaneceu. A dinastia Qing passaria mais uma década cambaleando.[55]

Em 1902, a imperatriz-mãe emitiu pessoalmente um decreto contra a amarração dos pés, concentrando-se no argumento de que a prática não era saudável. A imperatriz recomendava aos "nobres e notáveis de ascendência chinesa" que "exortem firmemente suas famílias e todos os que se encontram sob sua influência a se abster daqui por diante daquela prática daninha e assim venham a abolir gradualmente o costume para sempre". Ela tinha evitado "cuidadosamente as palavras 'nós proibimos'", prosseguia, "para que funcionários desonestos e [...] subalternos não possam ter nenhuma justificativa para intimidar e oprimir seus súditos chineses".[56] Isso dificilmente seria um chamado retumbante à abolição, mas já era um início; e refletia a pressão sobre o trono dos estrangeiros que agora estavam ainda mais solidamente encravados em seus domínios. Em 14 de novembro de 1908, o imperador morreu; menos de um dia depois, morria a imperatriz-mãe. O último imperador ainda não tinha completado três anos de idade; aos sete anos, em fevereiro de 1912, abdicou do trono imperial.

Quando a dinastia chegou ao fim, a nova república — liderada por modernizadores, muitos deles educados no Ocidente ou no Japão — se expressou em termos mais vigorosos. Em março de 1911, Sun Yatsen determinou a proibição da amarração dos pés como costume cruel e destrutivo.[57] Era um dos muitos símbolos do velho mundo imperial — como o rabicho — que a nova ordem republicana substituiria. À exceção da efêmera presidência conservadora de Yuan Shikai, que tentou reinstituir o confucionismo como filosofia nacional, os dirigentes posteriores — tanto os comunistas quanto os nacionalistas — eram modernizadores que se opunham à amarração dos pés, defendiam a igualdade das mulheres e as incentivavam a fazer esportes e desenvolver o físico.[58] Mas a China que herdaram já tinha perdido a fé na amarração dos pés.

O LUGAR DA HONRA

Como vimos, as associações contra a amarração dos pés tinham raízes entre os missionários cristãos e a elite empresarial ocidental, mas também entre aqueles letrados que, como Kang, consideravam necessário certo grau de ocidentalização para que a China tivesse seu lugar no mundo moderno. O foco da preocupação dos letrados era, em primeiro lugar, o bem da China. Se o fim da amarração dos pés fosse bom para as mulheres, melhor ainda, sem dúvida. Nesse sentido, seus escritos têm um veio nacionalista. Alguns de seus argumentos eram instrumentais: insistiam, por exemplo, que a destruição causada pelas invasões militares estrangeiras tornava-se ainda pior porque muitas mulheres eram literalmente incapazes de fugir; e argumentavam que o vigor físico delas — que, se estivessem com os pés livres, poderiam praticar esportes — permitiria gerar filhos mais saudáveis. Mas também insistiam sistematicamente que era preciso terminar com a amarração dos pés porque constituía uma fonte de vergonha nacional. Em seu memorial, como vimos, este foi o ponto central do argumento de Kang.

Na verdade, como nota Virginia Chau, o memorial começa afirmando que é "uma vergonha para a China ter um costume tão bárbaro, que a converte em alvo de escárnio aos olhos dos estrangeiros", e termina com essa conclusão:

> Considerando a lei do país, é uma penalidade totalmente injustificável; considerando a preservação da harmonia na família, prejudica o amor dos pais pelos filhos; considerando o fortalecimento do Exército, lega gerações e gerações de descendentes fracos; e, finalmente, considerando a beleza e os costumes, torna-se objeto de ridículo para os estrangeiros. É, portanto, intolerável.[59]

Kang começa e termina com a honra da nação — ou melhor, com a vergonha do país. Seu protegido Liang Qichao, também um dos principais intelectuais chineses do começo do século XX, escreveu em 1896: "Parece que esse costume ridículo floresceu geração após geração contra a proibição imperial e se tornou alvo de escárnio dos estrangeiros".[60]

A preocupação com a honra nacional persistiu em anos adiantados do século XX, quando já fazia muito tempo que a prática entrara em declínio acentuado. Um autor dos anos 1930 perguntava se não seria melhor permitir que a prática se extinguisse gradualmente (com os pobres seguindo o exemplo dos ricos, como tinham feito quando se instaurou a prática): "Por que interferir e perturbar a paz? Se dizemos que a amarração deve ser erradicada porque os estrangeiros nos ridicularizam por causa dela, devemos admitir que também nos ridicularizam por outras razões". A amarração dos pés acompanhava os chineses ao redor do mundo. Levy conta a história de uma chinesa que vivia nas ruas de Paris em meados dos anos 1930 cobrando para mostrar às pessoas seus lótus dourados. E diz: "Chineses que estavam em Paris ficaram indignados e protestaram no Consulado que o comportamento dela era uma afronta à honra nacional". O estudioso japonês Gotõ Asaro, escrevendo em 1939, resumiu a situação: as medidas contra a amarração dos pés visavam "salvar a 'cara nacional' da China".[61]

AÇÃO CONJUNTA

Hoje em dia, muita gente há de considerar natural que as pessoas se sintam motivadas pela preocupação com a honra de seu país, e assim a história que estou contando neste capítulo vai lhe parecer bastante fácil de entender. Mas, se você pensar bem, há algo levemente estranho na ideia de fundo. No caso do indivíduo, podemos ver como a honra faz sentido. Todos nós queremos ser dignos de respeito. O respeito por mérito tem valor intrínseco, e geralmente reflete uma avaliação de como você está se saindo de acordo com seus próprios critérios. (Afinal, são os critérios em comum que unem o mundo da honra.) Assim, no caso individual, a honra que os outros lhe prestam permite que você suponha estar vivendo de acordo com seus próprios ideais. Mas por que o *meu* valor há de estar vinculado ao valor das coisas feitas em nome de minha nação? É fato que as pessoas têm estima por nós quando pertencemos a grupos sociais estimáveis e nos desrespeitam quando pertencemos a grupos não respeitáveis. Mas não devíamos lhes perguntar por quê? Quando alguém age bem em nome de meu país, é difícil ver como eu — como pessoa distinta de meu conterrâneo digno de louvor — posso ter merecido respeito.

Uma resposta a esse enigma seria negar que o que sentimos quando nossa nação merece desrespeito seja, de fato, uma verdadeira vergonha. Talvez o que sentimos seja mais parecido com o que acontece quando alguém que nos é caro é flagrado fazendo algo indigno; não sentimos vergonha por nós, sentimos vergonha por ele, por assim dizer. E da mesma maneira como podemos nos assustar quando vemos um amigo cortar o dedo enquanto está picando cebolas, podemos enrubescer por ele quando age de maneira desonrosa.

Essa forma de compaixão — no sentido etimológico estrito de sentir *com* o outro — certamente explica algumas ocasiões em que temos sentimentos que, a rigor, não são justificados; não da maneira convencional, em todo caso. Mas não é uma explicação plausível no caso do orgulho e da vergonha nacionais, porque geralmente não há uma pessoa à qual possamos reagir com esse tipo de compaixão. Qual é o indivíduo de cuja vergonha eu partilho vicariamente quando o Congresso aprova uma resolução tola? Não sei quais os representantes que votaram a favor, mas posso saber que o meu, com quem eu provavelmente posso simpatizar, votou contra. Mas, mesmo quando há alguém com quem podemos nos identificar — quando sentimos vergonha por uma atrocidade cometida por integrantes de nossas Forças Armadas, por exemplo —, podemos diferenciar um rubor compassivo pelos homens que fizeram aquilo de um sentimento de vergonha nacional; ainda mais porque, se eles nos traíram, talvez não sintamos absolutamente nenhuma compaixão por esses homens.

Penso que há uma maneira melhor de entender a honra nacional. Ela começa com uma observação elementar: muitos grupos a que pertencemos fazem coisas coletivamente. Às vezes, por exemplo, e não só em democracias, faz sentido dizer que a nação age. Quando um país entra em guerra, impõe um embargo comercial, envia ajuda humanitária ou apoia uma resolução no Conselho de Segurança, é algo que seus cidadãos fazem não individualmente, mas em conjunto. A ação é feita em nome deles, mas muitas vezes é uma ação em sentidos mais profundos. Os indivíduos que agem em nome da nação são formados por uma cultura que criaram juntos, sob o comando de um governo eleito por seus cidadãos; estão respondendo a valores transmitidos e sustentados por uma sociedade civil que é composta dos cidadãos daquela nação. Quando faz sentido falar dos objetivos de nosso país e da representação do mundo que orienta a busca desses objetivos, também faz sentido falar das ações da nação como algo que nós, o povo, fazemos juntos.

Podemos falar em termos literais ou metafóricos em ações de agentes coletivos? De que tipos de agentes coletivos faria sentido falar dessa maneira? Esses são temas de caloroso debate na filosofia recente, e não pretendo tomar partido nessa discussão. Quero apenas frisar que é assim que *falamos*, e, na ausência de argumentos persuasivos em contrário, sempre nos resta o argumento do hábito.

Mas, na verdade, temos um argumento melhor. No recente romance de J. M. Coetzee *Diário de um ano ruim*, em um dos ensaios o protagonista comenta sua reação a uma notícia na *New Yorker* de que o governo americano aprovou a tortura e revogou os dispositivos em contrário:

> *Demóstenes*: enquanto o escravo teme apenas a dor, o que o homem livre mais teme é a vergonha. Se aceitamos como verdadeiro o que diz a *New Yorker*, a questão para os americanos enquanto indivíduos passa a ser uma questão moral: diante dessa vergonha à qual estou sujeito, como me comporto? Como preservo minha honra?

Há aqui uma lembrança de por que pode valer a pena preservar o sentimento de honra nacional. Tal como a honra individual, o sentimento de honra nacional pode nos motivar a ver se, juntos, podemos fazer o que é certo. Embora a questão seja moral, o que empenha cada americano não é apenas a moral, mas também a honra. Tanto no duelo de Wellington, em que a questão era a honestidade, quanto na campanha de Kang Youwei, em que o problema era o sofrimento das meninas e das jovens, o que gerou as motivações foi a honra. O narrador de Coetzee frisa corretamente o fato de que, nesse sentimento coletivo, podemos ter tão pouca escolha quanto temos ao zelar por nossa estima individual.

Ele reflete sobre sua reação a uma comovente execução da *Quinta sinfonia* de Sibelius: a "emoção grande, plena" que o compositor queria que os ouvintes sentissem.

> Como teria sido, pensei, ser um finlandês sentado na plateia na primeira apresentação da sinfonia em Helsinque, há quase um século, e sentir essa onda tomar conta da gente? A resposta: eu sentiria orgulho, orgulho porque *um de nós* conseguiu juntar esses sons, orgulho porque do nada, nós, seres humanos somos capazes de fazer uma coisa dessas. Compare isso com a sensação de *nós, nosso povo*, termos feito Guantánamo. A criação musical em uma mão, a máquina de infligir dor e humilhação na outra: o melhor e o pior de que são capazes os seres humanos.[62]

O mundo da honra, formado por pessoas que sentem orgulho ou vergonha pelo que sua nação ou seus compatriotas fazem, constitui todo o mundo humano. Para ter esses sentimentos, você precisa possuir aquilo que a Declaração de Independência americana, numa das elegantes formulações de Jefferson, chama de "um respeito decoroso pelas opiniões da humanidade". A preocupação de Kang Youwei pela reputação de seu povo exigia que ele pensasse nos estrangeiros como pessoas cujo respeito tinha importância. Ele não sentia o desprezo pelos bárbaros que por tanto tempo tinha sido a atitude básica de sua cultura em relação ao mundo além das fronteiras chinesas (por exemplo, a atitude, você há de lembrar, do imperador Qianlong na resposta à Embaixada de Jorge III). Essa percepção de ver seu país como ator num mundo maior de outras nações é um dos fundamentos psicológicos centrais do nacionalismo moderno.[63] E é por isso que a honra da nação pode ser mobilizada para motivar seus cidadãos.

Em parte, o que nos motiva a fazer o que nosso país precisa que façamos é um orgulho pelo país que se baseia em nossa noção de que "nós" fizemos grandes coisas. Ou seja, depende do senso de termos direito à estima nacional: que de fato somos uma nação honrada. Ernest Renan — grande historiador e nacionalista francês — captou esse espírito em 1882, em seu indispensável ensaio "O que é uma nação?", ao escrever:

> A nação, como o indivíduo, é a culminação de um longo passado de esforços, sacrifícios e atos de devoção. O culto dos ancestrais é o mais legítimo de todos: eles nos fizeram o que somos. Um passado heroico, grandes homens, glória (refiro-me à verdadeira glória): este é o capital social no qual se funda a ideia nacional.[64]

Às vezes critica-se o patriotismo como uma forma de idolatria. E, como ele supõe a crença em sua nação, de fato tem alguns elementos da psicologia da crença religiosa. No entanto, é difícil acreditar em seu país, a não ser que você tenha em alta estima pelo menos algumas de suas realizações. O patriotismo não exige que você acredite que sua nação é melhor, e muito menos a melhor entre todas. Mas ele funciona bem, penso, quando você acredita que há algo próprio de sua história nacional que lhe faça sentir especial orgulho, como Kang se orgulhava das tradições confucianas chinesas.

A GRANDE LIBERTAÇÃO

A rapidez com que a amarração dos pés desapareceu foi espantosa. Gerry Mackie, depois de rever as estatísticas disponíveis, concluiu que "a amarração dos pés começou a desaparecer na China entre a Guerra dos Boxers de 1900 e a revolução de 1911 entre as camadas superiores das cidades maiores. Embora houvesse variações locais no início da interrupção, os dados disponíveis mostram que, quando a amarração acabou, acabou rapidamente". A amarração dos pés se manteve esparsa aqui e ali até anos bem adiantados do século XX; mas, na maioria dos lugares, essa prática milenar desapareceu basicamente no decurso de uma geração. Mackie afirma que, "de acordo com os dados de um sociólogo, a população de Tinghsien, uma área rural conservadora duzentos quilômetros ao sul de Beijing, passou de 99% de pés amarrados em 1889 para 94% em 1899, e para zero em 1919".[65]

O que, finalmente, levou a prática à extinção? Numa sociedade em que quase todos os casamentos eram arranjados, havia uma excelente razão para não deixar de amarrar os pés das filhas até que tivessem pretendentes prontos para casar. O aspecto genial da estratégia das sociedades contra a amarração dos pés foi atender exatamente a esta dificuldade: ela criou ao mesmo tempo solteiras de pés desenfaixados e homens que podiam desposá-las. O duplo compromisso das sociedades — impedir que se amarrassem os pés das filhas e impedir que se casassem os filhos com mulheres de pés amarrados — fez exatamente o que era necessário. E, enfocando o contraste entre a China e outros países, também deixou claro que era possível criar sociedades — como o

Japão, mas também como as missões cristãs — em que as mulheres eram fiéis, mesmo sem as faixas.

O mecanismo que tornara a amarração dos pés atraente para os integrantes das classes mais baixas consistia no fato de que ela era praticada entre as classes mais altas. Em virtude disso, depois que um número suficiente de letrados passou a querer esposas não enfaixadas, houve um inevitável movimento em cascata para deixar de amarrar os pés, invertendo assim a tendência de enfaixá-los que, tempos antes, havia difundido a prática. Em termos simples: como a amarração dos pés está inserida num sistema de posições sociais, o abandono da elite lhe retira o poder de atração. É um mecanismo que reproduz inversamente o caso do duelo na Inglaterra, onde foi sua adoção por plebeus que diminuiu sua capacidade de assegurar a honra dos cavalheiros.

Mas, para que se iniciasse esse desenlace, foi preciso persuadir um número suficiente de integrantes da elite — dos letrados e de suas famílias — a abandonar a prática. Aqui, foi fundamental o papel desempenhado pelos estrangeiros e pelos chineses educados no Japão e no Ocidente que se opunham à amarração dos pés. Ao chamar a atenção para o contraste entre a China e o mundo do avanço industrial, numa época em que alguns letrados tinham perdido a confiança na capacidade de suas tradições de defendê-los contra os estrangeiros modernizadores, eles conseguiram convencer outros letrados que precisavam promover reformas. Um elemento central — como podemos ouvir em suas próprias palavras — foi a questão da honra de sua nação.

Para muitos letrados, essa reforma necessária tinha um alto preço. O autor anônimo da "Crônica secreta do interesse do lótus" — ensaio que aborda com franqueza o apelo erótico dos pés amarrados — observava: "A amarração dos pés de nosso país tornou-se um tipo de prática retrógrada na história mundial. Em nenhum lugar a mulher foi confinada mais severamente do que por meio dessa prática. Deveria ser naturalmente aniquilada e se tornar um fenômeno desconhecido". Mas prosseguia com certa melancolia: "Não me importei em usar minha energia para escrever este ensaio, para mostrar algo das utilidades do lótus e seus mistérios sagrados, que sobreviveram por um milênio".[66]

3. O fim da escravidão atlântica

A cruzada incessante, discreta e inglória da Inglaterra contra a escravidão provavelmente pode ser vista como uma das três ou quatro páginas plenamente virtuosas na história das nações.

William Lecky, *The Natural History of Morals*[1]

A HONRA DAS NAÇÕES

A era da exploração europeia, cujo marco foi o "descobrimento" do Novo Mundo por Colombo, teve duas grandes consequências humanas no Ocidente. Uma foi o povoamento europeu das Américas e a consequente destruição das sociedades ameríndias; a outra foi a transferência das tradições mediterrâneas da escravidão agrícola para as ilhas e a vastidão continental no lado ocidental do Atlântico. O desenvolvimento das fazendas exigia grandes contingentes de mão de obra nos trópicos, algo que os nativos da região não estavam dispostos a ceder. Acostumados ao ecossistema e conhecedores de sua geografia, para eles era relativamente fácil escapar ao controle dos colonos europeus. Além disso, grandes números de índios morreram pela exposição a doenças que haviam se desenvolvido no Velho Mundo depois que seus ancestrais tinham chegado às Américas — doenças contra as quais tinham pouca imunidade natural. Para que o sistema das fazendas se desenvolvesse, seria necessária outra fonte de mão de obra.

Enquanto isso, os contatos europeus com a África aumentavam e, como naquela época muitas sociedades africanas estavam se esfacelando por guerras internas, já havia uma grande quantidade de cativos. Com o decorrer dos séculos, tendo se criado uma demanda por escravos no Novo Mundo, várias sociedades da África Ocidental desenvolveram uma economia baseada na captura e comercialização de escravos, vendendo milhões de pessoas aos postos negreiros europeus da costa afro-ocidental. Na virada do século XIX, a escravização de povos não europeus era um elemento central da economia atlântica, ligando a Europa, a África e as Américas. Ela estava indissociavelmente entrelaçada com a economia interna de muitas sociedades e era crucial no comércio mundial. Poucas revoluções morais foram mais importantes do que a que pôs fim à escravização sistemática de africanos e afrodescendentes no mundo atlântico.

A abolição da escravatura foi um empreendimento extraordinário, cuja significação foi avaliada por pensadores de todo o mundo. De fato, mesmo nos debates sobre a amarração dos pés na China, letrados progressistas às vezes faziam analogias entre sua luta e o movimento abolicionista no Ocidente.

Os paralelos, a meu ver, não são óbvios. É verdade que o abolicionismo e o movimento antiamarração eram campanhas morais de grande envergadura contra tradições de longa duração. Mas a escravidão consistia na subordinação de uma raça a outra e acarretava a sujeição sistemática dos negros à desonra, ao passo que a amarração dos pés, embora todas as vítimas fossem mulheres, era praticada dentro do grupo chinês han e constituía um sinal de posição elevada, e não degradada. Sem dúvida, o fato de ser uma prática restrita às mulheres refletia a sujeição feminina aos homens. Mesmo assim, a inferioridade das mulheres não significava que fossem desonradas. Na verdade, muitas vezes são as mulheres que portam a honra das famílias — questão a que voltarei no próximo capítulo —, mesmo que o façam de maneira diferente dos homens.

Existe mais um contraste evidente: os escravos, obviamente, não eram favoráveis à escravidão, ao passo que as mulheres geralmente suportavam e difundiam a amarração dos pés. Mas há também uma clara ligação histórica entre escravidão e enfaixamento dos pés. Seus adversários, nas respectivas culturas, viam as duas práticas como ameaças à honra das nações que as autorizavam.

Como veremos, o tema da honra nacional é inevitável na bibliografia sobre a abolição. Mas veremos também que havia outros veios, mais subterrâneos, nos debates sobre o fim da escravidão atlântica, associando a honra a outros tipos de identidade.

A HONRA BRITÂNICA E O TRÁFICO DE ESCRAVOS

O Parlamento do Reino Unido aboliu o tráfico de escravos no Império britânico em 1807, decretou o fim da escravidão colonial em 1833 e abandonou o sistema de aprendizagem dos negros, que se seguiu à escravidão nas Índias Ocidentais em 1838, libertando assim, ao final, mais de 750 mil escravos. Depois desses fatos, durante um século a maioria dos historiadores britânicos — na verdade, a maioria dos britânicos que pensavam sobre o assunto — tomou esses acontecimentos como uma vitória da filantropia sobre o interesse próprio. Então, em 1944, Eric Williams (que mais tarde seria o primeiro de todos os primeiro-ministros de Trinidad e Tobago) sustentou em *Capitalismo e escravidão* que todos os passos no processo de abolição refletiam os interesses econômicos da Grã-Bretanha. Era uma obra na grande tradição caribenha dos Calibãs da resistência. A tese de Williams era que o final do tráfico negreiro foi uma medida do livre-comércio e que a abolição só ocorreu quando o açúcar das Índias Ocidentais produzido com mão de obra escrava deixou de ser lucrativo. Quanto aos abolicionistas, seu humanitarismo era seletivo: ignoravam os sofrimentos dos escravos fora do império e dos mineiros e agricultores dentro dele. A retórica moral do abolicionismo, em certo sentido, era uma capa — que Winchilsea poderia chamar de "cortina" — para os verdadeiros interesses econômicos em jogo.[2] A abolição, em suma, não tinha nada a ver com filantropia.

A tese de Williams se enquadra numa visão da política como busca racional dos interesses próprios de indivíduos, classes ou nações. Ele endossava um "realismo" político cético em relação ao que denominava "o plano moral ou político elevado".[3] E a grande charada da abolição pode ser resumida numa observação simples: Williams estava errado. Longe de ser movida por interesses econômicos britânicos, a abolição realmente foi *contra* eles; e isso era claramente entendido por seus defensores. Talvez seja excessivo concordar com a famosa declaração de William Lecky de que "a cruzada incessante, discreta e inglória da Inglaterra contra a escravidão pode ser vista como uma das três ou quatro páginas plenamente virtuosas na história das nações". Mas com certeza não foi resultado das operações do "interesse próprio, estreitamente concebido".

O Reino Unido era um grande império comercial marítimo que estava enriquecendo no comércio mundial — e agora há provas convincentes de que aquelas decisões contrariavam seus interesses. Na época da abolição, o fornecimento de escravos da África

Ocidental estava no auge e os preços caíam.[4] Embora muitos defendessem — no espírito de Adam Smith — a superioridade econômica da mão de obra livre, as experiências com escravos libertos em Serra Leoa, no começo do século XIX, dificilmente comprovavam essa ideia. Enquanto a Inglaterra estava passando pelas várias etapas da abolição, os produtos da mão de obra escrava adquiriam importância cada vez maior na economia mundial e tinham um papel cada vez mais central na produção e no consumo dos britânicos.

Segundo Seymour Drescher, um dos grandes historiadores da abolição, não só não havia nenhuma razão econômica para abandonar a escravidão pelo lado da oferta, como também não havia evidentemente nenhuma razão pelo lado da demanda. Com a exceção de uma breve queda em decorrência da Revolução Francesa e da Revolução Americana, a produção açucareira — quase toda com mão de obra escrava — aumentou ao longo de todo o período desde os anos 1780 (quando, como veremos, começa na Inglaterra o primeiro grande movimento contra a escravidão) até 1840, quando a abolição tinha praticamente se consumado no império.[5] Entre 1787 e 1838, como Drescher também assinala, a proporção do algodão produzido com trabalho escravo para a florescente indústria algodoeira inglesa passou de 70% para quase 90%. Naquele período, nenhum desses dois produtos tinha outra fonte de produção, com trabalho livre, que pudesse substituí-los.

William McNeill, pioneiro em estudos históricos mundiais, sugeriu certa vez que o crescimento da população britânica na virada do século XIX tornou desnecessária a mão de obra escrava, e que isso explicaria o surgimento dos sentimentos antiescravocratas. As provas, porém, não corroboram essa avaliação. Se o excedente populacional britânico se incumbisse do trabalho, seria de esperar que os índices de emigração da Inglaterra fossem mais baixos durante a escravidão e mais altos após a abolição. Mas o inverso é verdadeiro. Como diz Drescher, "o abolicionismo britânico 'deslanchou' exatamente quando o índice de emigração atingiu seu pico de *baixa* em trezentos anos".[6] Em suma, Disraeli não deixava de ter razão ao sintetizar desdenhosamente as campanhas abolicionistas na Inglaterra: "O movimento das classes médias pela abolição da escravatura era virtuoso, mas não era sábio".[7]

O famoso louvor de Lecky à virtude britânica em *The Natural History of Morals*, com que iniciei este capítulo, vem precedido por uma passagem menos conhecida:

> É mérito da raça anglo-saxã, mais do que todas as outras, ter produzido homens do estofo de um Washington ou um Hampden; homens, de fato, pouco ciosos da glória, mas muito ciosos da honra; [homens] que fizeram da suprema majestade da retidão moral o princípio diretor de suas vidas, e que demonstraram nas mais difíceis circunstâncias que nenhuma tentação da ambição e nenhum tumulto da paixão poderiam fazê-los se desviar um milímetro do curso que acreditavam ser seu dever.[8]

Existem muitas razões para não aceitar essa formulação, ainda mais porque pressupõe algo que agora estamos em condição de negar, isto é, que ser "cioso da honra" é sinal de retidão moral. Como vimos na história do duelo, a honra e a moral são sistemas separados: podem andar em paralelo, como teria sido o caso aqui; mas vimos também que podem facilmente seguir em direções opostas. Mesmo assim, a insistência de Lecky de que a honra foi importante em muitos aspectos para a abolição britânica é, como tentarei mostrar, uma percepção fundamental.

Para entender o movimento abolicionista, em primeiro lugar devemos notar que ele requeria mais do que a convicção de que a escravidão era moralmente errada. O que precisamos explicar aqui, como no caso da amarração dos pés, é por que, na vida política da nação, as pessoas vieram a agir com essa convicção (já que os sentimentos antiescravocratas estavam amplamente difundidos muito antes que o movimento abolicionista realmente deslanchasse).

O espírito do final do século XVIII ia contra a escravidão por muitas razões, a começar pelas objeções especificamente cristãs. Os quacres, que acreditavam que todos os homens eram iguais aos olhos de Deus porque todos eram igualmente capazes de receber Sua luz, opuseram-se à escravização desde o começo. George Fox pregou contra ela ao visitar a América do Norte em 1671, e em 1775 a Sociedade dos Amigos fundou a primeira sociedade antiescravocrata do mundo, na Filadélfia, cujo presidente honorário a partir de 1787 foi Benjamin Franklin. Mais significativo, pelo menos em termos numéricos, foi o revivalismo evangélico dentro do anglicanismo, que gerou tanto o metodismo das "classes inferiores", inspirado pela pregação de John e Charles Wesley a partir dos anos 1740, quanto o espírito reformador da seita Clapham, de perfil culto e abastado, a partir dos anos 1790.

Mas a escravidão também ofendia os espíritos mais laicos do Iluminismo, cuja oposição encontra-se sintetizada no verbete sobre o tráfico de escravos na *Enciclopédia* (1751-77) de Diderot e D'Alembert, a primeira enciclopédia moderna. Dizia o verbete: "Se tal espécie de tráfico pode ser justificada por algum princípio moral, não há crime, por mais atroz que seja, que não se possa legitimar".[9] Erasmus Darwin interrompeu seu raciocínio em *The Loves of the Plants* [*Os amores das plantas*], de 1789 — uma improvável tentativa iluminista de difundir o conhecimento científico através da poesia —, apostrofando contra a escravidão:

> Mesmo agora nas matas da África com gritos espectrais
> A feroz ESCRAVIDÃO avança e desatrela os cães infernais;
> ... Ouvi, ó Senados! ouvi esta verdade sublime,
> "Quem aceita a opressão compartilha o crime"[10]

Darwin certamente não era um evangélico. (Na verdade, em *Zoonomia*, ele escrevia a propósito do "medo do Inferno": "Muitos pregadores teatrais entre os metodistas conseguem inspirar esse terror e vivem confortavelmente às custas da tolice de seus ouvintes".)[11] Mas o sentimento do último verso de Darwin repercutia em corações cristãos. Fossem calvinistas procurando provas de que eram eleitos por predestinação divina ou arminianos preocupados em perder a graça de Deus, os protestantes ingleses no final do século XVIII temiam as consequências de compartilhar *qualquer* crime.[12]

Em meados do século XVIII, portanto, entre religiosos e antirreligiosos, entendia-se amplamente que a escravidão era errada. E assim, tal como ocorre com o duelo e o enfaixamento dos pés, o que galvaniza o movimento contra a escravidão não é o argumento moral: este já está presente muito antes que se inicie o movimento.

Foram os quacres, em petição pela abolição ao Parlamento em 1783, que começaram a organizar esses sentimentos sob a forma de um movimento. Mas aqui também há algo que requer explicação. Nos anos 1770, os quacres — mesmo insistindo que tinham como marca de distinção não possuir nem traficar escravos — não faziam campanha pública contra a escravidão, embora, como vimos, já a repudiassem de longa data. Esse fato não surpreende muito. Os quacres eram uma seita pequena. Em 1660, no final da Revolução Puritana, eles podem ter chegado a 60 mil fiéis, mas os números decaíram significativamente depois disso, e em 1800 a Sociedade dos Amigos contava talvez com cerca de 20 mil membros.[13] Muitos deles eram prósperos, e para sua segurança e sobrevivência dependiam da tolerância numa sociedade que (como lembramos no capítulo 1) jurava lealdade às doutrinas da Igreja da Inglaterra como condição para ocupar cargos públicos. Mesmo assim, na década de 1780 os quacres tomaram a iniciativa de divulgar publicamente os males do tráfico negreiro.[14]

Essa passagem do abolicionismo como marca distintiva de uma comunidade para o abolicionismo como campanha nacional foi uma consequência da dinâmica interna do movimento quacre. Tiveram de proceder assim sob pressão dos quacres americanos, liderados por Anthony Benezet, da Assembleia da Filadélfia; tinham de proceder assim se quisessem manter unida a seita internacional, e a solidariedade (manter a união) era um de seus principais valores e preocupações. Prosseguiram com o abolicionismo quando descobriram, com certa surpresa, que a petição ao Parlamento teve acolhida favorável, em parte porque nunca ninguém tinha enviado uma petição antiescravista ao Parlamento, e os políticos podiam usar aquela oportunidade para mostrar seu humanitarismo louvando os quacres, enquanto continuavam a não fazer nada para impedir o tráfico negreiro. Até aqui, a honra não estava em questão.

Os quacres de Londres publicaram *The Case of Our Fellow-Creatures, the Oppressed Africans* [O caso de nossos semelhantes, os africanos oprimidos] em 1784. Não obtendo resposta legislativa do Parlamento, organizaram a primeira grande campanha antiescravista no Reino Unido, espalhando artigos contra a escravidão na imprensa britânica.[15] Mas, no final, o que realmente teve eficácia foi a campanha nacional de petições ao Parlamento, liderada pela Sociedade para Efetivar a Abolição do Tráfico de Escravos, sob a inspirada direção de Thomas Clarkson, Granville Sharp e William Wilberforce (todos eles anglicanos evangélicos).[16]

A sociedade organizou reuniões em todo o país para angariar assinaturas para as petições, as quais se tornaram eventos competitivos. Nas cidades com recente prosperidade devido à industrialização, nos Midlands e no norte da Inglaterra (Birmingham, Stoke-on-Trent, Manchester), a campanha permitia que novos magnatas, como Josiah Wedgwood, mostrassem orgulho por suas novas posições cívicas. Wedgwood, que era amigo próximo de Erasmus Darwin (sua filha Susannah se casou com o filho de Erasmus, Robert), fez grande fortuna desenvolvendo a primeira indústria cerâmica britânica, com uma fábrica em Burslem, Staffordshire. Foi ele que fez e pôs em circulação o famoso medalhão antiescravista de um africano ajoelhado sob a inscrição: "Não sou homem e irmão?". (E foi sua grande fortuna que deu a seu neto, Charles Darwin, a liberdade de seguir sua vocação de naturalista.)

Mas, se estes eram os líderes, o movimento tinha uma quantidade enorme de seguidores entre as "classes intermediárias". (No final de 1787, na primeira petição antiescravista em massa, a cidade de Manchester — com uma população de apenas 50 mil habitantes, contando as crianças — obteve quase 11 mil assinaturas.[17]) Pode-se ter uma ideia do êxito do movimento no fato de que, no começo dos anos 1790, entre 300 mil e 400 mil pessoas participaram dos boicotes ao açúcar fabricado por escravos — instigados por argumentos como os de William Fox, em 1791, no *Discurso ao povo do Reino Unido, sobre a utilidade de se abster do uso do açúcar e do rum da Índia Ocidental.*[18]

Nas últimas décadas do século XVIII, a literatura inglesa celebrava o que Henry Mackenzie, no título de seu romance de 1771, chamava de *The Man of Feeling* [O homem de sentimento]. A famosa apóstrofe contra a escravidão, sugerida pelo episódio com o estorninho na gaiola em *A Sentimental Journey* [Uma viagem sentimental], de Laurence Sterne (1768), é típica do novo postulado de que homens e mulheres deveriam se comover — às vezes até às lágrimas — com o sofrimento, inclusive e especialmente com o sofrimento do escravo.[19] "Olhando para o alto", escreve Sterne,

> vi [...] um estorninho preso numa pequena gaiola. "Não posso sair, não posso sair", disse o estorninho [...] "Receio, pobre criatura!", eu disse, "que não posso vê-lo em liberdade." — "Não", disse o estorninho, "não posso sair, não posso sair."
>
> Confesso que nunca meus sentimentos foram tão ternamente despertados; nem lembro nenhum incidente em minha vida em que o temperamento disperso, para o qual minha razão parecia algo irrisório, se recompusesse tão prontamente.
>
> "Disfarça-te como quiseres, porém, Escravidão!", eu disse, "ainda és amarga dose; e se em todos os tempos milhares foram obrigados a beber de ti, nem por isso és menos amarga."[20]

Ao acrescentar seu nome às dezenas de milhares de assinaturas nas petições que davam entrada em Westminster, você se mostraria uma pessoa de "sentimentos ternamente despertados", um modelo de virtude. E poderia, nas palavras finais de "O lamento do negro" de William Cowper (escrito provavelmente em 1788),

> Provar que tem sentimentos humanos
> Antes de orgulhosamente questionar os nossos![21]

LIBERDADE: REINO UNIDO *VERSUS* AMÉRICA

Mas você também podia se ver defendendo a honra britânica. Na polêmica transatlântica que levou à Declaração de Independência, os partidários da Inglaterra usavam muito o argumento de que a escravidão era estranha à lei britânica. A Inglaterra era o país com a retórica do "inglês livre de nascença"; a decisão de lorde Mansfield no caso Somerset de 1772 (a despeito do que isso significasse como questão de técnica jurídica) foi tomada por amigos e inimigos da escravidão no sentido de que um escravo que pisasse em solo britânico tornava-se imediatamente um homem livre. Os partidários do lado britânico argumentavam que os americanos, sendo proprietários de escravos, eram indignos da liberdade. Aqueles "que não têm escrúpulos em reter outros em escravidão têm uma pretensão muito parcial e injusta às proteções das leis da liberdade", escreveu o abolicionista Granville Sharp em 1769 (e era alguém que realmente apoiava a independência americana do domínio britânico).[22]

Esse argumento se fez ouvir nas colônias por uma simples razão: como o reverendo Morgan Godwin havia frisado anos antes, "os *fazendeiros* têm uma *ambição* extraordinária de serem *bem vistos*". Em 1786, Henry Laurens, o principal importador de escravos da Carolina do Sul, reagiu ao comparar os protestos ingleses "a um homem piedoso, externamente piedoso, que proíbe de fornicar sob seu teto, mas que mantém uma dúzia de amantes fora".[23]

A dinâmica era clara, como aponta o historiador Christopher Leslie Brown em seu estudo magistral, *Moral Capital: Foundations of British Abolition* [Capital moral: fundações da abolição britânica]. As acusações britânicas contra a hipocrisia americana a respeito da escravidão fatalmente geraram acusações americanas contra a hipocrisia britânica em relação à mesma escravidão. Os americanos podiam ser donos de escravos, mas os britânicos eram traficantes de escravos. "Da mesma forma", escreve Brown, "as denúncias britânicas contra o uso de escravos no Caribe retornavam à Inglaterra na forma de questionamentos sobre as injustiças diárias no país".[24] Foi assim que começou a retórica do antiescravismo britânico como movimento político organizado.

A premissa tácita de todos esses argumentos era evidente.

Como diz Brown: "A conduta dos indivíduos, das comunidades e até mesmo das nações frente à servidão humana podia fornecer um critério legítimo para avaliar sua política. E apenas os que renunciavam à escravidão de bens móveis poderiam legitimamente fazer campanha pela liberdade política".[25] Granville Sharp insistiu nesse ponto: a escravidão e o tráfico de escravos eram, com outros pecados do império, fontes de "desgraça indelével"; eram "um empreendimento *nacional*, que pode ocasionar a imputação de uma culpa *nacional*".[26] Assim como se defende a honra pessoal contra outras pessoas, defende-se a honra nacional contra outras nações. Frederick Douglass, o grande abolicionista afro-americano, pegou o cerne da questão numa carta a Horace Greeley em 1845, explicando por que achava importante fazer campanha na Inglaterra pela abolição nos Estados Unidos — o que, aliás, ele estava fazendo. "A escravidão existe nos Estados Unidos porque é respeitável, e é respeitável nos Estados Unidos porque não é desrespeitável fora dos Estados Unidos como deveria ser."[27]

Honra britânica, vergonha colonial; a honra de Liverpool e Manchester; a honra das novas classes médias empoderadas: todas elas ajudaram a mobilizar as pessoas que foram além do clichê moral de que a escravidão era um mal e formaram um movimento para obrigar o Parlamento a dar um fim ao tráfico de escravos. Na verdade, se não fossem a Revolução Francesa e o surgimento correlato de um radicalismo jacobino na Inglaterra, o Parlamento poderia ter abolido antes o tráfico negreiro. Mas um governo ansioso em manter a autoridade das classes dominantes tinha cautela em não fazer grandes avanços numa direção radical.[28] Assim, foi apenas em 1807 que um governo britânico, em guerra com uma França novamente imperialista sob Napoleão, proibiu o tráfico britânico de escravos.

A honra nacional ressurgiu como tema na segunda fase do movimento abolicionista britânico, quando, depois de uma interrupção por cerca de quinze anos após a abolição do tráfico de escravos, se inicia o ataque organizado à escravidão em si. William Wilberforce começava seu *Apelo à religião, justiça e humanidade dos habitantes do Império britânico em favor dos escravos negros nas Índias Ocidentais*, de 1823, com as seguintes palavras:

> A todos os habitantes do Império britânico que valorizam o favor de Deus ou são sensíveis aos interesses ou à honra de seu país, a todos os que têm algum respeito pela justiça ou algum sentimento de humanidade, dirijo-me pessoalmente.[29]

O apelo de Wilberforce à honra britânica poderia parecer mero floreio retórico. Ele o introduz depois do dever a Deus e ao interesse nacional, embora os três venham antes das considerações morais da justiça e da humanidade. Mas, para Wilberforce e seus amigos evangélicos (o grupo que era conhecido, com evidente ironia, como os Santos de Clapham), não havia espaço para a honra independente da religião e da moral. No ideal deles, a vergonha derivava apenas das transgressões do dever cristão (que coincidia com a moral) e a honra consistia em aderir a ele.

Considerando que todos concordariam que a honra devia se subordinar à moral, poderia parecer que os Santos de Clapham tinham abandonado totalmente o sistema de honra. Mas Wilberforce tinha uma resposta para a pergunta sobre as relações entre moral e honra. Em 1797, já lançado numa carreira pública dedicada à promoção da virtude e à eliminação do vício, ele declarou que as Escrituras ensinam os cristãos a ter cuidado com "o desejo de estima humana, distinção e honra". Porém, quando "a estima terrena e a honra [...] nos são concedidas sem terem sido solicitadas por ações intrinsecamente boas, devemos aceitá-las como sendo, por intenção da Providência, [...] um conforto presente e uma recompensa pela virtude".[30]

É esta a mesma honra que impulsionava o cavalheiro inglês padrão? Bem, a consideração de outras pessoas só pode ser um "conforto presente" e uma "recompensa" se nos der prazer; e esse prazer em ser estimado é uma parte essencial da experiência subjetiva da honra. A preocupação de Wilberforce é que nosso interesse pela consideração dos outros inflame "nosso egoísmo e orgulho natural". Mas, se reconhecermos como somos indignos aos olhos do Senhor, seremos levados a uma "humildade autêntica". Mesmo quando nossas ações são justamente admiradas, devemos reconhecer que, na verdade, a glória cabe a Ele.[31] A meu ver, porém, não está muito claro como o conforto que obtemos com a estima dos outros se concilia com o reconhecimento de que toda honra se deve realmente a Deus.

São Tomás de Aquino, num tratamento clássico da matéria, apresentara um atalho maravilhosamente apropriado: "A honra se deve à excelência. Mas a excelência de um homem é julgada acima de tudo por sua virtude. [...] Portanto, propriamente falando, a honra se refere à mesma coisa que a virtude" (*Suma teológica*, 2a, 2ae, 145, 2). No mundo dos pecadores, porém, a honra tem um traço incontrolável: não se submete mais ao domínio da virtude. É por isso que tantos autores religiosos preocupavam-se em saber como chegar a um acordo com ela.

Quando a virtude e a honra entravam em conflito, Wilberforce, que ficou horrorizado quando seu amigo William Pitt pegou suas pistolas de duelo, sabia qual delas seguir. Mas, sob a mesma perspectiva cristã, a honra coletiva poderia resultar em força moral, pois o critério pelo qual se defendia a nação em nome da honra era a retidão cristã. Mesmo que a preocupação com a honra pessoal fosse um interesse próprio, segundo Wilberforce, a atenção à honra nacional podia nos levar para além de nós mesmos. Quando você concebe sua honra como a honra de um inglês, isso pode levá-lo ao patriotismo, ao heroísmo e ao sacrifício por uma causa maior.

Assim, os Santos de Clapham podiam participar das estruturas da honra, ainda que nessa forma altamente moralizada. A estima no século XVIII, como vimos, muito amiúde pressupunha algum tipo de hierarquia social; mas com Wilberforce vemos que o critério pressuposto pela estima pode ser moral. Mais do que isso, um grupo moralmente engajado pode criar seu próprio mundo da honra. Wilberforce e seus amigos evangélicos falavam de seus superiores aristocráticos mais liberais em termos que sugeriam quão fácil era para os devotos fora das fileiras da nobreza mostrar condescendência em relação a seus pretensos superiores. Sem dúvida, Eric Williams também pensava nisso ao endossar a opinião dos críticos de Wilberforce: há "certa afetação no homem, em sua vida, em sua religião".[32]

APELOS ÀS CLASSES MAIS HUMILDES

Vale ressaltar que, no antiescravismo britânico, havia muito mais coisas em jogo do que a honra nacional. O dever cristão e o conceito de serem todos os homens irmãos, filhos do Deus de Abraão, também eram temas centrais. O primeiro êxito concreto do movimento em 1807, com o fim do tráfico britânico de escravos, devia-se em certa medida à insistência constante de Wilberforce de que o apoio da Inglaterra à escravidão prejudicava sua pretensão de ser um país cristão. O mesmo apelo — ampliado, talvez, pela difusão do espírito evangélico — encontra-se nos anos 1820, quando a campanha passou do tráfico de escravos para a escravidão colonial em si.

A terceira das *Cartas sobre a necessidade de uma pronta extinção da escravidão colonial britânica, dirigidas principalmente às classes mais influentes*, de 1826, sustentava que era dever cristão abster-se de usar produtos da escravidão (retomando um argumento que levara aquelas centenas de milhares de pessoas a boicotar o açúcar na primeira fase da oposição ao tráfico negreiro no começo dos anos 1790): "Para nos eximir do crime de encorajar e perpetuar a escravidão e compensar a negligência passada, devemos não só nos abster de qualquer consumo de seus produtos, mas também nos dedicar com o máximo de nossas forças a engajar outras pessoas nessa mesma resolução".[33] E o autor anônimo prossegue com os argumentos — de uma espécie que é familiar àqueles que lembram os debates sobre as sanções à África do Sul — de que o boicote ao açúcar das Índias Ocidentais realmente contribuiria para pôr fim à escravidão, ao invés de simplesmente empobrecer os fazendeiros e levá-los a tratar seus escravos com desumanidade ainda maior.

Porém, na quinta dessas cartas "às classes mais influentes", o autor propõe algo que parece uma nova estratégia. A carta é intitulada "Sobre a importância das associações para a finalidade de obter a cooperação das classes mais humildes". O texto comenta os resultados de solicitar o apoio dos operários numa cidade industrial e dos pobres da zona rural: "A causa da emancipação foi advogada no Senado pelos sábios, pelos eloquentes, pelos nobres. Agora ela é advogada na oficina e na choupana, por mulheres e crianças". E, escreve o autor, as perspectivas de uma campanha nacional, baseada na experiência adquirida até o momento, são extremamente alvissareiras: "O resultado das visitas pessoais, sobretudo entre as classes pobres e trabalhadoras, tem sido que mais de nove em dez famílias adotaram entusiasticamente a resolução de se abster inteiramente do consumo de açúcar das Índias Ocidentais". Numa carta posterior, ele insiste — a frase vem em maiúsculas — que "A ESCRAVIDÃO NÃO DURARIA UM ANO SE AS CLASSES MÉDIAS EXPRESSASSEM IMEDIATAMENTE UMA OPINIÃO DECIDIDA CONTRA ELA". Aqui, entretanto, o autor comenta que inúmeros integrantes das classes médias e altas têm consciência dos horrores da escravidão e mesmo assim não fazem nada. Inversamente, ele diz, "a informação às classes mais humildes sobre o tema em questão não é trabalho perdido, ao contrário de grande parte do que se dedica a seus superiores em cultura e posição".[34]

Esses são os argumentos de um polemista. Esse quadro de trabalhadores solidários e engajados dificilmente é completo. Mas parece realmente ter havido um significativo ativismo antiescravista entre as "classes mais humildes" inglesas no período entre o final do tráfico negreiro e a abolição da escravatura colonial, um quarto de século depois. E a pergunta é: por quê?

UMA NOVA CLASSE TRABALHADORA

Podemos começar lembrando alguns elementos da história que o grande historiador britânico E. P. Thompson narrou em *A formação da classe operária inglesa.* As discussões sobre o sufrágio, que formavam o pano de fundo no duelo Wellington-Winchilsea, ocorreram num clima de intensa rivalidade entre a aristocracia, as classes médias e os pobres. Os inícios do movimento sindical, inspirado pelo jacobinismo do final do século XVIII, tinham gerado como reação as Leis de Associação de 1799 e 1800. O objetivo dessas leis era proibir as uniões operárias, e seu efeito levou muitas organizações radicais das classes médias e trabalhadoras para a clandestinidade. Quando as Leis de Associação foram revogadas em 1824, quase de imediato os sindicatos agora legítimos organizaram greves que alarmaram os tóris sob lorde Liverpool e seus amigos do setor empresarial. Assim, o segundo quartel do século XIX começa com a aprovação de uma nova Lei de Associação em 1825.

No começo dos anos 1790, artesãos e operários somaram-se a alguns outros radicais para formar as chamadas "Sociedades Correspondentes" nas vilas e cidades da Inglaterra. Seguindo os moldes dos Comitês de Correspondência da Revolução Americana — que registravam e distribuíam as decisões de vários grupos para companheiros de ideias semelhantes —, elas foram fundamentais para propagar a necessidade de transformação política. Começando com a Sociedade Correspondente de Londres em 1792, elas davam prioridade à reforma parlamentar e à ampliação do direito de voto, e estiveram entre as primeiras vítimas das Leis de Associação iniciais. Nas agitações que levaram à Lei da Grande Reforma de 1832, seus sucessores conseguiram reunir multidões enormes na campanha pela mudança.

Em 1830, a União Política de Birmingham atraiu cerca de 15 mil pessoas para a assembleia de fundação; em 1832 e na semana de tumultos entre 9 e 15 de maio, quando parecia que a Inglaterra estava na iminência de uma revolução, as organizações pró-reforma conseguiram atrair multidões na faixa de 200 mil pessoas. Comícios como esses se somavam às pressões que levaram a essas primeiras reformas parlamentares, e o Parlamento se acostumou com a nova ideia de que devia responder aos julgamentos da nação — e não os direcionar. Era um precedente que os conservadores não consideraram muito prudente. Como mais tarde escreveria Disraeli, a respeito de todo o processo da abolição, "uma aristocracia esclarecida, que se colocou à frente de um movimento que não se originou dela, deveria ter corrigido, e não sancionado, os erros virtuosos de uma comunidade bem-intencionada, mas de mentalidade estreita". A comunidade bem-intencionada em que Disraeli estava pensando, como disse ele, eram as "classes médias".[35]

Mas a Lei da Grande Reforma, que recebeu o assentimento real em junho de 1832, foi uma decepção significativa para os que esperavam ver o direito de voto estendido aos trabalhadores; na verdade, como as novas qualificações censitárias excluíam todos os que não possuíssem ou arrendassem terras no valor mínimo de dez libras, deste ponto de vista não houve nenhuma reforma. Em parte, a Grande Reforma definia a identidade dos trabalhadores pela negativa — como a condição daqueles que não foram alcançados por ela. Nos anos subsequentes, a insatisfação aumentou, e os trabalhadores ingleses e seus defensores organizaram-se em grupos como o Clube do Sufrágio Universal, que começou "numa Assembleia Geral do Comitê Central das Uniões Radicais Metropolitanas, realizada no Escritório do Verdadeiro Sol na sexta-feira, 10 de junho de 1836, com a finalidade de fundar um Clube do Trabalhador".

Os objetivos da associação sugeriam que o orgulho efetivo pela identidade operária ainda estava se formando; mas ela também mostrava que era possível dirigir-se ao trabalhador propriamente dito e aos interesses comuns dos trabalhadores.

> Os objetivos: elevar o caráter moral, intelectual e político das classes trabalhadoras; proporcionar-lhes mais oportunidades para contatos mútuos amistosos; formar um acordo mais substancial entre elas e os homens de cultura e integridade moral e política que desejem se alinhar numa causa comum com seus irmãos menos prósperos, para colocar a felicidade ao alcance de todos; atenuar e por fim vencer a rispidez da aristocracia e das classes médias em relação à parcela trabalhadora do povo; provar a todos os seus inimigos a capacidade das classes trabalhadoras de conduzir seus próprios assuntos; [...] e, finalmente, estabelecer plena igualdade

na elaboração e administração das leis, como a única garantia para assegurar à industriosidade e ao mérito real sua justa recompensa, e resguardar a paz e a fartura, a felicidade e a segurança universal.[36]

O Clube do Sufrágio Universal não durou muito tempo — talvez porque o tesoureiro fosse o excêntrico radical irlandês Feargus O'Connor, que não era um trabalhador, mas um proprietário rural protestante de County Cork, que perdera seu assento no Parlamento em 1835 por não atender às exigências censitárias para a representação. Mais tarde, no mesmo ano, O'Connor ingressou na Associação dos Trabalhadores de Londres, cujo líder William Lovett era um dos seis operários que se juntaram a seis membros do Parlamento para lançar a Carta do Povo em 1838. Os seis princípios da carta, cujos elementos vieram a ser chamados de "cartismo", foram fundamentais para dar forma às lutas políticas pela reforma nacional na década seguinte. Por fim, o movimento cartista, agora liderado por O'Connor numa condição mental cada vez mais instável (em 1852, foi internado num manicômio depois de um tumulto na Câmara dos Comuns), desmoronou após sua última reunião pública, que teve o comparecimento de dezenas de milhares de adeptos, em Kennington, em 1848. Enquanto o espírito da revolução se espalhava pela Europa na primavera e no verão daquele ano, a Inglaterra continuava calma.

Grande parte da historiografia mais antiga enfoca a hostilidade entre os defensores do operariado e os abolicionistas: este conflito encontra seu símbolo nos escritos de William Cobbett, a que logo retornarei. Mas podemos encontrar entre os integrantes dessas associações de trabalhadores vários defensores ativos da abolição.[37] Na época do movimento cartista, observa Thompson, já havia surgido uma consciência operária. "Transpor o limiar de 1832 para 1833", ele escreve no final de sua grandiosa *A formação da classe operária inglesa*, "é entrar num mundo em que a presença operária pode ser sentida em todos os condados da Inglaterra e na maioria dos setores da vida." Ele prossegue:

> A nova consciência de classe dos trabalhadores pode ser vista por dois aspectos. De um lado, havia uma consciência da identidade de interesses entre trabalhadores das mais variadas profissões e níveis de realização, que [...] se expressou numa escala inédita no movimento sindical geral de 1830-4. [...] De outro lado, havia uma consciência da identidade daquele interesse da classe trabalhadora, ou "classes produtivas", em contraposição aos interesses de outras classes.[38]

Quer formassem ou não — e em que sentido — uma mesma classe, os trabalhadores eram muitas vezes xenófobos e, como as classes médias e altas britânicas, podiam ser francamente racistas em relação aos negros. Mesmo assim, muitos eram contra a escravidão. E eram contra, penso, pela mais simples razão: nada expressava com mais clareza a ideia de que o trabalho era desonroso do que a escravidão negra nas fazendas do Novo Mundo. E o trabalho era o que os definia. A escravidão associava o afastamento da terra natal à desonra dos escravos com o trabalho que cumpriam nas *plantations* e nas manufaturas escravistas do Novo Mundo.[39] O significado inequívoco da escravidão era que o trabalho manual devia ser equiparado ao sofrimento e à desonra. Era por isso que se podia falar nos sofrimentos de quem não estava literalmente escravizado.

O periódico *Weekly Political Register*, de William Cobbett, foi durante as três primeiras décadas do século XIX a leitura obrigatória dos radicais de todas as classes e dos artesãos alfabetizados que estão no cerne da história de *A formação da classe operária inglesa* de Thompson; muitos companheiros menos letrados pediam que eles lessem em voz alta o semanário nas associações de trabalhadores. Cobbett tinha ido para os Estados Unidos, onde se refugiou por dois anos, temendo ser preso por sedição, em 1817, e antes disso, durante sua juventude, já havia passado algum tempo no país; ele comparava sistematicamente a situação dos pobres da Inglaterra rural à situação dos escravos negros nas Américas, muitas vezes em detrimento dos primeiros. No povoado de Burghclere em Hampshire, na manhã do domingo de 6 de novembro de 1825 — cito apenas um entre inúmeros exemplos —, quando a chuva lhe dera "tempo para olhar os jornais", um artigo sobre os problemas dos negociantes de algodão em Nova York motivou-lhe a seguinte observação: "Os escravos que cultivam e colhem o algodão são bem alimentados. Não sofrem. Os que sofrem são os que fiam, tecem e tingem os tecidos".[40] E *eles* estavam na Inglaterra.

Cobbett argumentava frequentemente que as elites abolicionistas tinham dado pouquíssima atenção ao sofrimento dos diaristas rurais brancos no país, enquanto se faziam líricos sobre os sofrimentos dos negros no estrangeiro — e, não raro, usava uma linguagem racista ao falar dos escravos negros. Às vésperas da abolição do tráfico de escravos, ele "fulminou os liberais da *Edinburgh Review* por defenderem a abolição do tráfico negreiro" em 1805, lembrando-lhes "as prisões, os espancamentos, os açoitamentos, as torturas, os enforcamentos, os assassinatos num arremedo de zombaria da lei que são infligidos ao escravo branco em certas partes da Europa";[41] e, em 1806, ele prometeu: "Enquanto brandirem essa questão, com toda a sua hipocrisia, pelo alívio de 500 mil negros, eu lembrarei a eles o 1,2 milhão de miseráveis na Inglaterra e em Gales".[42] Sua reação ao ressurgimento da campanha de Wilberforce — que começou com o panfleto de 1823 citado acima — foi se dirigir diretamente ao emancipacionista:

> Wilberforce,
> Tenho-o aqui diante de mim num panfleto hipócrita. [...] Assim, no momento, vou usá-lo apenas [...] para lhe perguntar: que pro-

priedade, que sentido, que sinceridade pode haver em sua apresentação dessa coisa no estado atual deste país?[43]

A intenção de Cobbett em reiterar incessantemente a ideia de que os verdadeiros escravos, os verdadeiros sofredores eram os pobres ingleses, pode ter sido introduzir uma cunha entre os interesses dos escravos e os interesses dos trabalhadores ingleses; mas o efeito foi atrair a atenção também para a opressão que compartilhavam. No final do percurso, quando foi eleito para o Parlamento reformado em 1832, Cobbett — que ganhou sua vaga por Oldham concorrendo contra um fazendeiro das Índias Ocidentais — também participou da campanha abolicionista.

DEMOCRACIA E HONRA

A carreira de Cobbett como jornalista radical encaixa-se num ponto que apresentei anteriormente, a propósito do duelo, sobre o papel da imprensa em moldar as reações dos trabalhadores ao comportamento aristocrático. Ao chamar a atenção para o desprezo pelos plebeus, implícito em sua exclusão não só dos duelos, mas também das outras prerrogativas dos cavalheiros, a imprensa expôs os códigos de honra cavalheirescos a um questionamento democrático. É surpreendente que os códigos de honra tendam a atribuir, na melhor das hipóteses, um papel de segundo plano às mulheres; que favoreçam os poderosos e sejam avaros nas virtudes que atribuem às pessoas comuns. Na era mais democrática que surgia quando nasceu o operariado inglês, as pessoas inevitavelmente perguntariam se a honra seria coerente com a grande descoberta moderna, isto é, a igualdade de essência, aos olhos da moral, entre todos os seres humanos.

Muitos filósofos argumentam recentemente que, nas discussões sobre a igualdade, sempre é bom perguntar em primeiro lugar: "Igualdade de quê?". Essa sugestão tem muito mérito em termos filosóficos, mas creio que não é um bom ponto de partida histórico. Quando a igualdade se tornou, com a liberdade e a fraternidade, um dos três grandes lemas da Revolução Francesa, não foi porque as pessoas tivessem uma clara ideia de qual igualdade queriam. O que elas sabiam sem margem de dúvida era o que *não* queriam: que as pessoas fossem maltratadas só porque não tinham nascido na nobreza, que a plebe fosse olhada como inferior. O ideal da igualdade nos tempos modernos, em suma, começa com a noção de que existem certas coisas que *não* são uma base adequada para tratar as pessoas com desigualdade, e só gradualmente é que esse ideal passa a identificar algumas coisas que de fato *são*. A discriminação, no sentido de fazer distinções sobre a maneira de tratar as pessoas com base em suas identidades sociais, começou a precisar de justificativa. Assim, por exemplo, depois das revoluções na França e nos Estados Unidos, as pessoas começaram a questionar a ideia de que a posição social de berço era uma base apropriada para a discriminação; e, no último século, a raça e o sexo também passaram a ser vistos como bases ilegítimas para a discriminação.

Enquanto essas ideias sobre o que não é uma base adequada para a discriminação se desenvolviam, surgiam outras sobre o que é uma base adequada. Uma delas — a ideia da meritocracia — é que as oportunidades de emprego deveriam ser oferecidas não com base na posição ou das relações sociais, e sim pelo talento. Mas o emprego, embora evidentemente fundamental, é apenas um dos contextos em que surgem as questões da igualdade. Ela também tem importância em outras áreas de nossa vida comum, como nas instituições do Estado, nos tribunais, nas burocracias administrativas, nos debates públicos.

Quanto ao que a igualdade requer positivamente, podemos

considerar uma ideia que nasce, ela também, nas revoluções democráticas, mas alcança significação mundial com a Declaração Universal dos Direitos Humanos, em 1948. Essa ideia é essencial para o que devemos pensar a respeito da honra em nossa época. É o que agora chamamos de "dignidade".

A Declaração Universal começa, na primeira frase de seu preâmbulo, frisando que "o reconhecimento da dignidade intrínseca [...] de todos os membros da família humana" é "o fundamento da liberdade, da justiça e da paz no mundo".[44] Para a maioria dos pensadores anteriores às revoluções democráticas, a ideia de uma dignidade intrínseca às pessoas pareceria absurda. Uma edição do dicionário do dr. Johnson, publicada na época do duelo de Wellington, define "dignidade" como "nível elevado; grandeza de modos; aspecto elevado".[45] Nenhum deles pode ser intrínseco a todos, visto que são coisas que alguns têm porque outros não têm. "Nível elevado" é algo que você pode ter apenas se houver outros em nível inferior ao seu. Como comentou Edmund Burke em 1790, respondendo ao "floreio oratório" de um político revolucionário francês que dizia que "todas as profissões são honradas":

> Ao afirmar que alguma coisa é honrada, supomos uma distinção em seu favor. A profissão de um cabeleireiro ou de um artesão que faz velas de sebo não pode ser uma questão de honra para ninguém — sem comentar uma série de outros empregos servis.[46]

Para captar a ideia geral, você não precisa saber que quem faz velas de sebo usa gordura animal. O ponto fundamental de Burke é o mesmo que Thomas Hobbes já havia apresentado de maneira mais sucinta muitos anos antes: "Os homens estão em disputa contínua por honra e dignidade".[47] Para pensadores como Hobbes e Burke, a dignidade, como a honra, era algo intrinsecamente hierárquico.

Assim, seja o que for a dignidade em nosso presente — nesses tempos mais democráticos —, há de ser algo diferente do que era no passado. Aquela íntima ligação entre honra e dignidade, que fica evidente na acoplagem de Hobbes, sugere uma pista para pensar sobre o que aconteceu à dignidade, a saber, sua conexão com o respeito.

Uma forma de entender o que aconteceu com a palavra "dignidade" é dizer que ela passou a se referir ao direito ao respeito que as pessoas possuem simplesmente em virtude de sua humanidade. Eis aqui alguns fatos sobre as pessoas a que damos o devido peso ao reconhecer a dignidade humana: que os homens têm a capacidade de criar vidas com significação; que podemos sofrer, amar, criar; que precisamos de alimento, abrigo e reconhecimento alheio. Esses fatos, que podemos chamar de *fundamentos* da dignidade, tornam apropriado responder às pessoas de maneira que respeitem essas necessidades e capacidades humanas fundamentais.[48] Lembre-se da distinção de Stephen Darwall entre respeito por reconhecimento e respeito por avaliação. Durante grande parte do tempo discutimos as formas de respeito — que tenho chamado de "estima" — que derivam da avaliação positiva. A dignidade, em seu sentido moderno, passou a ser um direito ao respeito por reconhecimento, em que simplesmente damos o devido peso a esses fatos essenciais sobre as pessoas.

Algumas pessoas pensam que apenas as formas hierárquicas do direito ao respeito deveriam ter o nome de "honra". Há uma razão para isso, além da insistência de um defensor ferrenho da hierarquia social como Edmund Burke: muitas das formas mais perceptíveis de honra, da *Ilíada* ao Pashtunwali, são realmente hierárquicas. A questão aqui, porém, não é apenas de ordem terminológica: penso que seria de grande proveito pensar sobre os códigos hierárquicos e não hierárquicos que garantem, ambos, o direito ao respeito. Este livro é a defesa desse ponto de vista.

O que é democrático em nossa cultura atual, portanto, é que agora pressupomos que todos os seres humanos normais, e não apenas os especialmente elevados, têm direito ao respeito. Mas prestar a todos o respeito por reconhecimento é plenamente compatível com prestar maior respeito por avaliação a uns do que a outros, pois são formas diferentes de respeito. A partir de agora, reservarei o termo *dignidade* para uma espécie de honra, a saber, o direito ao respeito por reconhecimento. Assim podemos dizer: honrar especialmente alguns é compatível com o reconhecimento da dignidade de todos os demais. Essa dignidade não requer as formas comparativas de avaliação, que acompanham formas mais competitivas de honra. Não é algo que você *ganha* ou *conquista*, e a reação adequada à sua dignidade não é o orgulho, e sim o respeito próprio. Afinal, se sua humanidade lhe dá direito ao respeito, então ela lhe dá o direito até de respeitar a si mesmo!

Existem diferenças importantes entre a dignidade, entendida desta maneira, e outras formas de honra, mas todas têm algo importante em comum. Se você não agir de maneira compatível com sua dignidade, as pessoas deixarão de respeitá-lo, e com razão. Você não precisa ganhar sua dignidade humana; não precisa fazer nada de especial para obtê-la. Mas, se não viver à altura de sua humanidade, você pode perdê-la. Neste aspecto, é como a honra real do príncipe Hal, que ele não fez nada para ganhar, exceto nascer, mas que poderia perder se não vivesse de acordo com os critérios que ela acarretava. E se você perde sua dignidade, como no caso da honra, o que você vai sentir é vergonha.

O fato de a honra comparativa ser conceitualmente distinta da dignidade não garante que ela não coloque nenhuma ameaça à dignidade. Mas se você estava preocupado se uma cultura da estima não deixaria espaço para o respeito por aqueles que não fizeram nada de especial, o conceito de "dignidade" oferece uma resposta moderna. O que se segue do compromisso com a dignidade humana, a meu ver, é que devemos evitar criar mundos da honra e códigos de honra que concedam uma posição tão destacada aos bem-sucedidos a ponto de constituir implicitamente um desrespeito para os outros.

Numa sociedade que negava respeito aos trabalhadores, reivindicar dignidade para eles era uma proposição radical. Conforme se desenvolveram os argumentos em favor da dignidade igual dos trabalhadores, as mulheres também começaram a reivindicar e depois a se organizar para conquistar um lugar de maior respeito na vida pública. Nesses dois movimentos — pela igualdade política dos trabalhadores e depois de todas as mulheres —, o objetivo não era a honra comparativa, que dependia de realizações especiais, e sim a dignidade, baseada em fundamentos que as mulheres e os trabalhadores poderiam argumentar corretamente que compartilhavam com os cavalheiros. E, para tê-la, operários e mulheres participaram de campanhas públicas altamente visíveis e organizadas.

A DIGNIDADE DO TRABALHO

Ao lembrar a energia dos abolicionistas, é importante recordar a escala extraordinária de sua mobilização. O abolicionismo foi de longe o tema mais ativo de petições ao governo no meio século entre as primeiras salvas de aplausos contra o tráfico de escravos e a Lei da Abolição. Em 1829, nota Seymour Drescher, os peticionistas ingleses deram de cinco a um contra a liberação católica; em 1833, as assinaturas deram de 75 a um a *favor* da abolição imediata.[49] Talvez a maneira mais impressionante de refletir sobre os números é apontar — como faz Drescher — que provavelmente mais de 20% dos homens ingleses com mais de quinze anos assinaram as petições antiescravistas de 1833. Para alcançar essa proporção de assinaturas da população masculina nessa faixa etária nos Estados Unidos em 2010, você teria de persuadir mais de 23 milhões de pessoas, isso sem os recursos da internet!

Uma parte do vigor da campanha antiescravista era a rodada contínua de conferências e reuniões, em vilas e cidades, organizadas pelos abolicionistas. O historiador britânico James Walvin descreveu inúmeras reuniões superlotadas nas Ilhas Britânicas, quando a campanha pela Lei da Abolição atingiu o clímax.

> Em maio de 1830, a Assembleia Geral da Sociedade Contra a Escravidão atraiu a presença de 2 mil pessoas, além de outras 1500 que não conseguiram entrar. Algo muito parecido se repetia em todos os lugares onde se reuniam as sociedades antiescravistas — até em lugares distantes como Cork. Em Leeds, anunciou-se que 6 mil pessoas lotaram o COLORED CLOTH HALL local. Quando foi convocada uma reunião semelhante em Edimburgo, no dia de Ano-Novo de 1831, [o jornal] *The Scotsman* considerou que foi "uma das maiores e mais respeitáveis reuniões já realizadas naquela cidade intelectual".

Nas cidades pequenas, com sonoros nomes ingleses — Woburn, Newport Pagnell, Baldock, Hitchin —, os salões também transbordavam de gente.[50] Em seu relatório de 1831, o Comitê da Agência, que administrava a campanha, informou que tinha indicado cinco conferencistas "para preparar o caminho para uma manifestação geral do sentimento público, quando chegar a hora, disseminando amplamente informações precisas sobre a natureza e o efeito da escravidão colonial".[51] As informações que disseminavam deviam ser precisas, e também extensas: as reuniões podiam durar seis ou sete horas, e, embora os dignitários locais também usassem a palavra, o orador da Agência chegava a consumir três delas.

Foram essas campanhas que levaram os britânicos a apresentar 1,5 milhão de assinaturas na última sessão parlamentar antes da abolição em 1833. Você não obteria esses números sem apelar a todas as classes. Homens e mulheres, de qualquer classe, tinham algum argumento de honra que os levava até a mesa de petição, dispostos a assiná-la. Estavam preparados para atestar perante os vizinhos e perante seus líderes parlamentares que os ingleses livres de nascença estavam unidos na repulsa à escravidão e, agindo assim, podiam reivindicar sua parcela na honra da nação. Ao participar desses grandes rituais públicos dos anos 1830, os trabalhadores podiam reivindicar seu direito ao respeito *enquanto* trabalhadores, da mesma forma como os industriais dos Midlands e do norte haviam procurado respeitabilidade para suas cidades (e para sua classe) no movimento contra o tráfico de escravos na geração anterior. A nova classe operária tinha interesses econômicos, sem dúvida, e podemos discutir se esses interesses coincidiam ou não com os dos escravos; mas os trabalhadores precisavam, como todos nós, viver com uma imagem de si mesmos que lhes permitisse ter respeito próprio.

Assim, a honra está presente pelo menos de três maneiras na abolição britânica. Primeiro, a honra nacional desempenhou um papel central nos debates sobre a abolição. Segundo, a honra das cidades em recente industrialização nos Midlands e no norte da Inglaterra levou seus cidadãos — tanto das classes altas quanto das médias — a disputar a corrida no envio mais rápido ou mais numeroso de petições ao Parlamento. Essas minhas afirmações, creio, contariam com o endosso da maioria dos estudiosos de tais questões. Mas, a essas explicações mais amplamente aceitas, quero acrescentar a ideia de que a participação dos trabalhadores britânicos esteve ligada a um novo investimento simbólico em sua própria dignidade.

Tal como entendia Hegel, a consciência humana é voltada

para si mesma, mas ela também supõe um diálogo com a consciência dos outros. Às vezes, ao se falar em honra, o que importa é não só o respeito ao outro, mas também o respeito próprio de quem busca a honra. A preocupação com a dignidade do trabalho entre as classes trabalhadoras tinha a ver não só com a maneira como eram vistas pelos outros, mas também com o que elas mesmas pensavam a seu respeito. Para muitos deles, a escravidão doía — não só porque, enquanto britânicos, importavam-se com a honra da nação; não apenas como uma questão de consciência cristã; e não, finalmente, porque concorressem com os escravos (de fato, não concorriam). A escravidão doía porque eles, assim como os escravos, trabalhavam e produziam com o suor do rosto.

Duas décadas depois da abolição britânica, o consenso estabelecido no Reino Unido sobre a ilegalidade e o mal da escravidão teve enormes consequências práticas. Na Inglaterra, no início da Guerra Civil americana, houve uma enorme solidariedade entre a aristocracia conservadora pelos fazendeiros do Sul dos Estados Unidos, com os quais ela se identificava. Como disse o *Morning Star* de Londres em 12 de maio de 1862, "uma aristocracia de sangue reconhece o parentesco com uma aristocracia de cor".[52] A despeito disso, a Inglaterra não interveio em favor dos Confederados. Do contrário, como o ministério de lorde Palmerston realmente chegou a considerar, o desfecho da Guerra Civil poderia ter sido muito diferente. Mas, visto que a Proclamação de Emancipação de 1863 permitiu que os defensores do Norte concebessem a guerra simplesmente como luta contra a escravidão, a opinião das classes trabalhadoras e das classes médias se interpôs nos planos de intervenção das classes superiores.[53] A aristocracia fundiária não era mais a classe dominante. Conforme o Império britânico se expandia durante o século XIX, a abolição das formas de escravidão autóctones da África e da Ásia passava a ser um dos objetivos da política imperial.

Em 17 de agosto de 1846, na taverna Crown and Anchor, no centro de Londres, Frederick Douglass e William Lloyd Garrison, os principais abolicionistas da época (o primeiro, negro; o segundo, branco), uniram-se a William Lovett e Henry Vincent, respectivamente o fundador e o principal orador da Associação Cartista dos Trabalhadores de Londres, para anunciar uma nova Liga Contra a Escravidão. A liga foi uma tentativa de criar uma base britânica para a ala garrisoniana mais radical do abolicionismo americano e desapareceu menos de um ano depois.[54] Mas naquela noite de agosto, quando Garrison e Douglass apresentavam os discursos veementes que lhes deram fama para uma plateia embevecida, houve um breve instante em que poderíamos imaginar uma aliança internacional entre os trabalhadores britânicos e os 3 milhões de escravos americanos, lutando juntos pela dignidade do trabalho. Numa sala onde Boswell e Johnson tinham esvaziado seus copos, a fervorosa assembleia de abstinentes ouviu quando Vincent — a quem sir Henry Molesworth havia se referido como "o Demóstenes do novo movimento" — encerrou a reunião de seis horas de duração com um discurso sobre a causa conjunta dos escravos e dos trabalhadores britânicos. Um dos biógrafos de Douglass comenta melancolicamente o fracasso da Liga Contra a Escravidão em criar um movimento internacional dos trabalhadores como "uma das grandes oportunidades perdidas da vida de Douglass".[55]

4. Guerras contra mulheres

Que espécie de honra é atirar numa mulher desarmada?
Asma Jahangir[1]

SEDUZIDA E ABANDONADA

Na comédia *Sedotta e abbandonata* [Seduzida e abandonada], de 1964, filme de Pietro Germi ambientado num vilarejo da Sicília, a jovem Agnese Ascalone, de quinze anos de idade, é "seduzida e abandonada" por Peppino Califano, noivo de sua irmã.[2] Quando o pai *don* Vincenzo descobre, corre até a casa dos Califano, esperando convencê-los de que a família precisa alterar levemente seus planos: em vez de se casar com a irmã mais velha, Peppino deve se casar com a mais nova. Por fim, o pai do rapaz, *signor* Califano, dá sua palavra. Ele entende que *don* Vincenzo precisa defender a honra da família. Mas Peppino não quer, e foge (com a bênção dos pais) para se esconder com um de seus primos.

No tumulto que se segue, o irmão de Agnese é enviado para

atirar em Peppino, mas ele erra e é preso. O juiz o denuncia por tentativa de homicídio, enquanto Peppino é acusado por corrupção de menor. A única maneira de evitar a prisão dos dois rapazes é o casamento de Peppino e Agnese. O costume local oferece uma solução simples: ele e alguns amigos têm de encenar um rapto de Agnese que se torne de conhecimento geral. Assim, a sedução privada, que não pode ser publicamente reconhecida, é substituída pelo pretexto público para o matrimônio. Todos pressupõem que a comunidade, depois do rapto, concordará que os dois jovens têm de se casar para preservar a honra de Agnese e de sua família.

De vez em quando vemos no filme o chefe de polícia Polenza, da Itália continental, exasperado com as idas e vindas dos Ascalone e dos Califano e reclamando do mundo louco da honra siciliana. (Numa cena na delegacia, ele olha um mapa da Itália, cobre a ilha da Sicília com as mãos e murmura: "Melhor, muito melhor", imaginando como a Itália ganharia com o sumiço daquela excrescência incômoda.) Quando o plano do rapto chega-lhe aos ouvidos, Polenza sabe o que fazer: ele escapa com o jovem policial com quem divide suas responsabilidades em manter a lei, saindo da vila para evitar toda aquela confusão.

Numa tarde encalorada, eles estão deitados à sombra de uma oliveira no tórrido sol siciliano e o delegado tenta explicar o que se passa a seu jovem assistente Bisigato (interpretado por um ator bem loiro, para ressaltar que não é siciliano).

> POLENZA: Hoje ele está raptando a garota. O que você faria?
>
> BISIGATO: Eu o prenderia na hora.
>
> POLENZA: Ótimo. Assim ele se casa com ela amanhã e sai totalmente livre, e você faz papel de tolo. Ponha isso na sua cabeça. O casamento apaga tudo: sequestro, estupro, corrupção de menores. Está no artigo 544. O casamento passa uma esponja na história. Melhor do

que uma anistia. Não sabia? Aqui os meninos aprendem isso no catecismo.

BISIGATO: E por que não se casar com ela, simplesmente?

POLENZA: Ele não quer.

BISIGATO: Então por que raptá-la?

POLENZA: Assim, ele é obrigado a casar. Todos estão nisso.

BISIGATO: Exceto ele?

POLENZA: Não, ele também está nisso.

BISIGATO: Com todo o respeito, senhor, não entendo.

POLENZA: Nem pode entender, Bisigato. É uma questão de honra. É sempre uma questão de honra.

Sedotta e abbandonata é um filme cômico sobre um assunto muito sério. A obsessão de *don* Vincenzo com o bom nome dos Ascalone pressupõe um dos conceitos de honra mais comuns por todo o mundo: em inúmeras sociedades, se uma jovem faz sexo antes do casamento, não só sua honra, mas a honra de toda a família fica manchada.

Não é apenas uma questão de sentimentos, do orgulho e da vergonha, dos Ascalone. Se *don* Vincenzo não resolver o problema de uma forma que recupere a honra da família, as outras filhas e o filho não conseguirão casamentos respeitáveis; ele mesmo será objeto de zombaria e sua esposa será objeto de piedade. Ele não poderá andar de cabeça erguida em sua comunidade. Perderá o respeito de todos os seus pares. Em seu mundo, há apenas uma saída: o sedutor precisa desposar sua filha mais nova (e *don* Vincenzo precisa encontrar outro marido para a filha mais velha). Quando Peppino tenta escapar a esse destino, o mesmo código então exige que um dos homens da família Ascalone o mate.

O nível de violência paterna na família Ascalone pode surpreender alguns espectadores contemporâneos. *Don* Vincenzo bate nas filhas e no filho; grita com a esposa. E mais: ela não tenta impedir que ele bata nos filhos, e estes parecem tomar como natural que o pai mantenha a autoridade com a fúria das palavras e a brutalidade dos punhos. A masculinidade neste mundo é definida pela capacidade de violência. Mesmo o irmão levemente efeminado de Agnese, embora relutante, é obrigado a ir atrás de Peppino com uma espingarda.

Insistindo no óbvio: o código que rege a vida de *don* Vincenzo faz exigências muito diversas a homens e mulheres. O duplo padrão desse sistema é muito bem apresentado numa cena à mesa de jantar dos Califano, na qual Peppino suplica aos pais que não o obriguem a casar com a jovem que está grávida dele.

> PEPPINO: Responda-me isso. Com toda honestidade, você teria se casado com mamãe se ela tivesse feito o que Agnese fez comigo?
> PAI: O que isso tem a ver com o assunto?
> MÃE: Você tentou me agarrar.
> PAI: E daí? O homem tem o direito de pedir e a mulher tem a obrigação de recusar.
> PEPPINO: Exatamente. Agnese não recusou, recusou? [...] Não vou me casar com aquela puta.
> PAI: Dei minha palavra a *don* Vincenzo!
> MÃE: Você não respondeu à pergunta dele. Se eu tivesse cedido, você teria se casado comigo?
> PAI: Claro que não!

O código supõe que qualquer homem é sempre livre para procurar sexo com mulheres com as quais não está casado, e que a mulher tem "a obrigação de recusar". É por isso que, se o homem consegue, a desonra cabe à mulher: apenas ela transgrediu as regras. Peppino deseja a bela Agnese. Ele quer desesperadamente ter relações sexuais com ela. Mas, se ela concorda em fazer sexo fora do casamento, é uma "puta". Portanto, ele não pode desposá-la, mesmo que ela só tenha tido relações com ele e esteja grávida de um filho seu.

Naqueles tempos, o artigo 544 do código penal italiano, citado pelo delegado, reconhecia um tipo de casamento, o *matrimonio riparatore*, que "reparava" o mal resultante do estupro, mesmo de uma menor. É uma ideia antiga, que você pode encontrar no Deuteronômio (22, 28-9):

> Se um homem encontra uma virgem solteira, toma-a e deita com ela, e são descobertos, então [...] ela será sua esposa; como ele a humilhou, não poderá abandoná-la nunca mais.

E o *matrimonio riparatore* não era apenas um expediente para ser usado no enredo dos filmes. No dia seguinte ao Natal de 1965 (um pouco mais de um ano após o lançamento de *Sedotta e abbandonata*), uma jovem chamada Franca Viola, que tinha apenas dezessete anos, foi raptada e violentada por um pequeno vigarista chamado Filippo Melodia, no vilarejo siciliano de Alcamo. O atacante contou com a ajuda de uma dúzia de amigos seus. Antes disso, ela já tinha repelido várias vezes seus avanços. Mas, como o *signor* Polenza disse, Melodia tinha aprendido "no catecismo" que, após terem relações, ela reconheceria que a única forma de salvar a honra da família seria casando-se com ele. Depois de casados, o artigo 544 o protegeria de qualquer consequência judicial do estupro.

Filippo Melodia descobriu que tinha subestimado Franca Viola. Ela disse à família que não se casaria com ele e, com o apoio do pai, insistiu em prestar queixa por estupro. Sua família sofreu ostracismo e enfrentou exatamente o tipo de perda de respeito que é o preço de se afastar dos códigos de honra. Por ter contestado o código, o pai dela também sofreu ameaças de morte, e os vinhedos e celeiros da família foram incendiados. Mesmo assim, o processo teve andamento, e Filippo Melodia e sete de seus comparsas foram presos. Três anos depois, Franca Viola casou-se com Giuseppe Ruisi, seu namorado de infância, o homem com quem tinha se comprometido desde os catorze anos. Na cerimônia de casamento, ele teve de ir armado para proteger a ambos.[3]

As repercussões do caso foram inequívocas: a imprensa nacional fez a cobertura da cerimônia; o presidente da Itália enviou-lhes um presente de casamento; o papa Paulo VI recebeu-os em audiência.[4] O jovem casal viveu em outra cidade nos primeiros anos do casamento, mas no começo da década de 1970 voltou a Alcamo. Nos anos seguintes, ela se manteve afastada dos holofotes, levando uma vida normal; mas em 2006 declarou numa entrevista que, diante de uma decisão importante, seu conselho era: "Sempre siga seu coração".[5]

Franca Viola foi violentada aos dezessete anos. Tinha quase o dobro dessa idade quando finalmente o artigo 544 foi revogado, em 1981.

FAMÍLIAS ASSASSINAS

Em outras partes do mundo (bem como em outros tempos), a penalidade pela desonra que acompanha a perda da virgindade feminina antes do casamento é muito mais severa. No filme, Agnese aceita o destino a que Franca Viola escapou: é obrigada a se casar com um homem que a tratou com desprezo. Em muitas épocas e lugares, porém, para restaurar a honra da família seria preciso matar não só o sedutor, mas também a própria moça. Na verdade, na Sicília e em muitas outras sociedades mediterrâneas, cristãs e muçulmanas, era — e em alguns lugares ainda é — o que o código exige. Em certas comunidades, uma jovem perde a honra e recebe a pena de morte, mesmo que, como Franca Viola, tenha sido estuprada.

Ora, o código que rege esses crimes de honra guarda elementos certamente identificáveis pela maioria das pessoas no mundo. Mesmo no Ocidente industrializado, nos Estados Unidos e na Europa, há um enorme trabalho em persuadir homens e mulheres no sentido de que o estupro não deve ser tratado como fonte de vergonha para a vítima. Não é que as mulheres violentadas acreditem, lá no fundo, que estavam "pedindo aquilo"; pelo contrário, a vergonha tem a ver com a impotência de ser uma vítima. Não é a culpa — a ideia de ter feito algo errado — que as atormenta, mas a lembrança da humilhação. E essa humilhação — o fato de o estuprador ter humilhado sua vítima, como diz o Deuteronômio — permite que ela perca o respeito de todos aqueles que sabem que foi violentada, por mais irracional que isso seja. De fato, a humilhação pode corroer (repetindo, sem qualquer boa razão) seu respeito por si mesma.

Em sentido mais geral, a noção de que você demonstra sua inferioridade porque não conseguiu resistir à imposição física de outrem é muito difundida, e não apenas em relação ao ataque sexual. Dentro desse sistema de atitudes e sentimentos encontram-se os traços da ideia de que as mulheres que foram violentadas, bem como os homens que foram derrotados num ataque, perderam sua honra. A fraqueza — mesmo diante da iniquidade — é fonte de vergonha.

Nos Estados Unidos, também é verdade até hoje que muitos pais e parentes se preocupam mais com as aventuras sexuais das filhas solteiras do que com as dos filhos. Justifica-se dizendo que a moça tem mais coisas em jogo — a gravidez muda sua vida de uma maneira que não acontece com um rapaz. Mas desconfio que o que muita gente realmente pensa é o mesmo que pensavam Peppino e seu pai: "O homem tem o direito de pedir e a mulher tem a obrigação de recusar". O autocontrole não é viril, e a resistência é apropriadamente feminina.

Entretanto, quaisquer que sejam nossos sentimentos e nossas ideias sobre o sexo fora do casamento, em geral não conseguimos conceber que alguém pense que a reação correta a uma filha solteira que quer ter relações sexuais ou a uma filha casada que cometa adultério seja matá-la; tampouco conseguimos entender que alguém mate uma filha ou irmã, solteira ou casada, que tenha sido estuprada.

No entanto, segundo uma estimativa num relatório das Nações Unidas em 2000, 5 mil mulheres são anualmente mortas por parentes exatamente por esses motivos.[6] Essas execuções são chamadas de "mortes por honra", pois seus perpetradores entendem-nas como formas de restabelecer a honra da família, a qual foi perdida devido à atividade sexual extraconjugal, voluntária ou involuntária, de uma das mulheres dessa família. Em 2003, no Paquistão, segundo um conselheiro do primeiro-ministro do país, 1261 mulheres foram mortas dessa maneira. (Existe um consenso geral de que os números oficiais ocultam a verdadeira extensão da devastação.)[7]

Até aqui, examinamos revoluções já findas. Neste capítulo, tratarei dos tempos presentes e de uma prática de honra que precisa de urgente mudança. Para entender um homicídio por questão de honra, ou qualquer mundo da honra, precisamos tentar entender seus códigos. Embora exista um padrão geral nas mortes por honra em diferentes culturas, é nas especificidades de um tempo e um espaço determinados que poderemos ver melhor o que está em questão. Mas, como veremos, também podemos aprender algo com as histórias que já examinamos. Aqui, portanto, pretendo colocar nosso novo entendimento da honra a serviço de uma proposta para podermos avançar contra os assassinos por honra. A despeito do que diz aquela cínica máxima francesa, *tout comprendre* nem sempre é *tout pardonner*.

Em 1989, Ghulam Sarwar Khan Mohmand, um dos empresários mais bem-sucedidos de Peshawar, capital da Província da Fronteira Noroeste do Paquistão, deu uma grande festa pelo casamento de sua filha Samia. Mais de mil convidados compareceram à comemoração, entre eles três secretários de Estado, um governador nomeado pelo governo federal e grande parte da elite empresarial da cidade. O noivo, Imran Saleh, era filho da irmã de sua esposa. Era uma família pachto próspera e moderna. Sultana, a esposa de Ghulam Sarwar Mohmand, era médica, assim como o sobrinho Imran. Samia Sarwar, mais tarde, estudou direito, e sua irmã foi estudar medicina. Em 1998, o próprio Sarwar seria eleito no primeiro de seus dois mandatos como presidente da Câmara da Indústria e Comércio Sarhad de Peshawar.[8]

Apesar desses inícios auspiciosos, o casamento não foi feliz. Samia Sarwar disse depois a seu advogado que o marido era extremamente violento, e os pais dela acabaram aceitando que o deixasse e voltasse a morar com eles em 1995, quando estava grávida do segundo filho. O dr. Saleh telefonou algum tempo depois para dizer que não a queria de volta. Ela nunca mais o viu. Mas seus pais foram inflexíveis, e um divórcio estava fora de cogitação. Segundo Samia, eles lhe disseram: "Aqui você pode ter tudo o que quiser, menos o divórcio".[9] A razão era simples: um divórcio abalaria a *ghairat*, a honra da família.[10] Como na Sicília, as consequências práticas da perda da honra no norte do Paquistão incluíam a dificuldade em arranjar casamento para sua irmã e suas primas, além de problemas sociais para os pais, tios e tias.

Em algum momento nos anos seguintes — com o marido fora da jogada fazia muito tempo —, Samia Sarwar, ao que parece, apaixonou-se por outro homem. Ela estudava direito e certamente sabia que tinha o direito legal de pedir divórcio de um marido que primeiro havia abusado dela e depois a abandonara. Em março de 1999, quando seus pais estavam em Meca, fazendo o hadji, ela fugiu para Lahore. Foi ao único refúgio privado de lá para mulheres desamparadas, Dastak, e combinou com a advogada paquistanesa de direitos humanos Hina Jilani que desse início ao processo de divórcio contra o marido.

Nas semanas seguintes, os Sarwa convenceram a filha e a advogada de que finalmente estavam dispostos a aceitar o divórcio, mostrando os documentos necessários a um importante político da oposição, que transmitiu a boa notícia. E assim, em 6 de abril de 1999, ela concordou em encontrar a mãe — Samia falou que preferia não tratar com o pai — no escritório da advogada. A mãe supostamente iria sozinha, mas chegou apoiando-se no braço de um homem forte de barba. Segundo Hina Jilani, a sra. Sarwar disse que era o motorista e que precisava do amparo dele, pois não conseguia caminhar sozinha.[11]

Depois que os dois entraram no escritório, apesar das objeções da advogada, o motorista Habibur Rehman puxou uma arma e atirou na cabeça de Samia Sarwar. No pânico que se seguiu, o próprio Rehman foi alvejado e morto por um segurança, e o tio de Samia, Yunus Sarwar, que estava esperando lá fora, sequestrou uma das assistentes paralegais do escritório, e saiu com ela e a mãe de Samia num táxi. A assistente disse depois que a sra. Sarwar estava "calma e serena durante a saída, afastando-se da filha assassinada como se a mulher mergulhada no próprio sangue fosse uma estranha".[12] Infelizmente, no Paquistão é melhor não dar ouvidos ao conselho de Franca Viola de "seguir seu coração".

Todos os protagonistas desse drama eram paquistaneses importantes. Hina Jilani, um dos principais nomes entre os advogados de direitos humanos no Paquistão, divide seu escritório de advocacia com a irmã Asma Jahangir, diretora da Comissão de Direitos Humanos do Paquistão e relatora especial da Comissão das Nações Unidas de Direitos Humanos sobre Execuções Extrajudiciais, Sumárias ou Arbitrárias. (Consta que a dra. Jahangir teve de adiar uma viagem para uma reunião em Genebra para ajudar a encaminhar as consequências desse homicídio extrajudicial em seu próprio escritório.) O intermediário que tinha examinado os supostos documentos do divórcio e levou a sra. Sarwar a concordar com o encontro era Aitzaz Ahsan, advogado ilustre e ex-ministro da Justiça, que na época era o líder da oposição no Senado.

Como Samia Sarwar exercia seu direito legal de pedir o divórcio quando foi assassinada na frente de testemunhas, e como o homicídio, claro, é ilegal no Paquistão, você esperaria uma condenação unânime. Benazir Bhutto e vários líderes políticos progressistas do Paquistão realmente se manifestaram contra o ocorrido; no dia seguinte, houve protestos públicos de organizações de direitos humanos em várias das principais cidades paquistanesas.[13] Mas, quando um integrante do Senado do Paquistão apresentou uma moção para condenar a família, não teve a resposta que esperava.

O senador em questão — Iqbal Haider, advogado e ativista dos direitos humanos do progressista Partido do Povo do Paquistão — foi criticado por seus colegas parlamentares da Província da Fronteira Noroeste, principalmente por membros do Partido Nacional Awami (PNA), cuja força política deriva das áreas pachto do Paquistão, cuja capital é Peshawar, onde moravam os Sarwar. Era de se esperar uma defesa das tradições dos pachtos da honra daquela direção, salvo pelo fato de que o PNA nada tinha de tradicionalista: estava no extremo laico do espectro político do Paquistão, e sempre fizera oposição sistemática ao Talibã na Província da Fronteira Noroeste. O senador Ajmal Khattak, que na época era o presidente do partido, é um importante intelectual e poeta pachto. Costumava ter fama de figura progressista, tendo apoiado revolucionários de esquerda como Fidel Castro e Che Guevara.[14] Mesmo assim, Khattak discorreu sobre os ideais de honra pachtos aos colegas e defendeu as mortes por honra.[15] Apenas quatro senadores apoiaram a moção, entre eles Aitzaz Ahsan, o senador que fora levado ao caso quando concordou em ser o intermediário entre Samia Sarwar e sua família.[16]

Em Peshawar, houve indignação com a interferência de estrangeiros nos assuntos de uma família local: a honra pachto tinha sido afrontada pela intromissão de estranhos. A câmara de comércio cujo presidente era o pai de Samia lançou um ataque a Hina Jilani e Asma Jahangir, insistindo que fossem punidas pela "lei tribal e islâmica" por "enganar mulheres no Paquistão e contribuir para a imagem negativa do país no exterior". Vários chefes religiosos na Província da Fronteira Noroeste lançaram *fatwas* declarando que as duas mulheres eram infiéis.[17] Ninguém foi condenado pelo assassinato de Samia Sarwar, e seu pai continua a ser uma figura importante em Peshawar. Em novembro de 2009, o ministério do Comércio paquistanês o nomeou para um comitê de conselheiros para um novo acordo comercial com o Afeganistão.[18]

O MODO DOS PACHTOS

Mais de 40 milhões de pachtos vivem no Paquistão e no Afeganistão, concentrando-se basicamente nas regiões de fronteira. Eles se consideram descendentes de um mesmo ancestral e sua organização tribal corresponde ao que os antropólogos chamam de sistema de "linhagem segmentária", em que as pessoas agem em solidariedade com os parentes mais próximos contra os primos mais distantes, segundo a fórmula expressa no provérbio beduíno: "Eu contra meus irmãos; eu e meus irmãos contra meus primos; eu, meus irmãos e meus primos contra o mundo". Quanto mais remoto o ancestral comum, maior o grupo, naturalmente; e o sistema de parentesco pachto possui muitos níveis de escalas que são importantes na vida prática.

Os quatro grupos tribais principais provêm, segundo a tradição, dos descendentes diretos de Qais Abdur Rashid, o homem que todos os pachtos tomam como antepassado. Ao que consta, Qais foi contemporâneo de Maomé, tendo ido a Meca e trazido o islamismo ao Afeganistão. As várias subdivisões imediatas desses quatro grupos normalmente apresentam uma genealogia hipotética que remonta a um dos descendentes de Qais nas primeiras gerações. Na base da hierarquia fica o menor núcleo familiar, consistindo no homem e seus descendentes do sexo masculino, suas esposas, seus filhos e netos.

Na área rural, os pachtos vivem tradicionalmente da agricultura em pequenos vilarejos de poucos habitantes, que muitas vezes pertencem a algumas poucas famílias. No campo e na cidade, eles seguem um código de vida chamado Pashtunwali, ou "o modo dos pachtos". Como muitos outros códigos tribais, ele dá grande ênfase a manter a honra com lealdade à família, coragem na batalha, hospitalidade aos visitantes, retaliação dos insultos, vingança das ofensas contra a pessoa ou membros da família ou tribo.[19] O bom nome do indivíduo e o bom nome de sua família ou tribo, num vocabulário rico de termos para a honra, alguns tomados do árabe, ocupam o cerne do Pashtunwali.

Essas ideias, que se desenvolveram numa cultural tribal rural, são transferidas para a vida urbana contemporânea. Depois de três décadas de guerras no Afeganistão — começando com a invasão soviética no final de 1979 e continuando com a guerra liderada pelos Estados Unidos contra o Talibã —, muitos pachtos no Paquistão guardam uma forte identidade com os pachtos do outro lado da fronteira. E a presença de estrangeiros — militares e civis —, na evidente intenção de remodelar a vida da região, gerou uma reação nacionalista plenamente previsível. Insiste-se muito na ameaça que representa a pressão estrangeira para o Pashtunwali. No Paquistão, considera-se que essa ameaça também está presente nas atividades dos grupos dos direitos humanos, que fazem campanhas pelos direitos das mulheres e se opõem a práticas como o crime de honra. Em decorrência disso, tem-se uma situação em que as críticas ao assassinato de Samia Sarwar, mesmo por ativistas paquistaneses como sua advogada Hina Jilani, geram uma torrente de reclamações contra a interferência ocidental, em cujo cerne está a insistência de que os ocidentais são *bay ghairat*, ou seja, carentes de senso de honra.[20]

Samia Sarwar era pachto, mas seu assassinato podia ter acontecido em qualquer lugar do Paquistão. Entre os falantes de urdu, sindi e panjabi, bem como nas outras minorias do país, existem tradições semelhantes. Na língua de Sind, a província onde se encontra Karachi, a capital financeira e maior cidade do Paquistão, o termo *karo* significa literalmente "homem preto", e seu feminino é *kari*. Essas palavras designam pessoas que mantêm relações sexuais fora do casamento. Assim, *karo-kari* é um dos nomes mais comuns para se referir às mortes por honra, que, como eu disse, ocorrem em todo o país, embora o equivalente em pachto seja *tor-tura*.[21]

Aqui estamos diante de um paradoxo conhecido. O Paquistão é uma república islâmica, criada como país para os muçulmanos da Índia depois dos conflitos comunais anteriores à independência indiana. E existe um consenso quase geral entre os intérpretes qualificados do islã de que o crime de honra é contrário ao islamismo. Como o duelo em seu apogeu, que contrariava a lei e a religião na Inglaterra cristã, a morte por questão de honra no Paquistão não só é ilegal, como também contraria as tradições religiosas oficiais de um país que tem um credo estabelecido. Evidentemente, o islamismo, como outras religiões mundiais, adotou traços particulares nas várias sociedades em que se implantou. No espírito de seus seguidores, o Pashtunwali é plenamente compatível com o islamismo; na verdade, tende-se a pensar que o próprio islã é um dos caminhos pachtos, pois creem que seu primeiro ancestral trouxe a fé de Meca. Mas, como eu disse, existe um consenso no mundo islâmico de que nem o Corão nem a suna (os costumes do Profeta) e tampouco o hadith (as interpretações abalizadas da suna que fornecem fontes adicionais para os ensinamentos) aprovam o assassinato de mulheres por homens dentro da própria família.

Não há dúvidas de que isso é plenamente entendido no Paquistão, em particular. Nos verões de 2001 e 2002, Amir H. Jafri, estudante paquistanês de pós-graduação que fazia uma tese sobre comunicações, realizou uma série de entrevistas em inglês e urdu para situar a morte de Samia Sarwar e a reação a ela em seu contexto cultural mais amplo. Ele relata uma conversa fascinante com um mulá chamado Abad numa mesquita em Islamabad. Em primeiro lugar, esse mestre religioso cercado pelos discípulos admite que, ao ver mulheres que não estejam totalmente cobertas pelo véu, "tenho vontade de cortá-las em pedacinhos ou casá-las com alguém". Quando Jafri, desconcertado, pergunta se isso estaria de acordo com o islamismo, o mulá enrubesce e fica em silêncio por um instante. Então olha os discípulos ao redor e murmura: "O islã não permite, mas às vezes você precisa dar o exemplo".

Essa entrevista foi a única ocasião em dois verões de pesquisa no Paquistão em que o dr. Jafri conseguiu encontrar um estudioso de alguma seita islâmica que "aprovava abertamente" algo como a morte por questão de honra.[22] A realidade foi bem sintetizada por um taxista pachto, numa conversa sobre a educação feminina com uma passageira instruída: "Eu disse: 'Babaji, no islã, mulheres e homens precisam receber educação, é obrigatório para eles'. Ele respondeu: 'Sim, mas quem se importa com o islã quando se trata da *ghairat*?'".[23]

O assassinato de Samia Sarwar não foi oficialmente aprovado por nenhuma autoridade externa à família. Mas na Província da Fronteira Noroeste as mortes por honra costumam resultar das decisões tomadas pelas *jirgas*, os tribunais tradicionais que têm ampla autoridade prática nas áreas tribais, onde os decretos do governo paquistanês mal vigoram. Cerca de duas semanas antes do assassinato de Samia Sarwar, uma jovem de dezesseis anos com deficiência mental chamada Lal Jamilla Mandokhel foi executada depois de um "julgamento" na *jirga* de sua aldeia. Tinha sido violentada várias vezes, durante duas noites seguidas, por um homem de um povoado vizinho. Quando ela voltou à aldeia, os anciões da comunidade decidiram que ela havia trazido desonra para seu povo. Ela foi arrastada para fora de casa e executada a tiros, enquanto a multidão assistia.[24] Seja ou não compatível com o islamismo, em muitos lugares a morte por questão de honra faz parte do modo dos pachtos.

AS LEIS DO PAQUISTÃO

O sistema jurídico moderno do Paquistão teve início como herança colonial. Muhammad Ali Jinnah, fundador do Paquistão, era advogado com formação britânica e provavelmente era favorável a uma constituição laica. Mas Jinnah morreu logo depois que a Inglaterra reconheceu a partilha da Índia em 1947, concedendo independência à Índia e ao Paquistão. Inicialmente, o Paquistão consistia em duas partes geograficamente isoladas, uma a oeste e outra em Bengala, bem distante a leste, muito diferente em termos culturais. Levou quase uma década até que a Assembleia Constituinte, que na prática funcionou como o parlamento do Paquistão naquele período, chegasse a uma constituição, e quando isso ocorreu, em 1956, era a constituição de uma república islâmica. Nas décadas seguintes, durante uma sucessão de golpes de Estado e uma guerra em que as duas metades do Paquistão se transformaram nos dois Estados independentes do Paquistão (a oeste) e de Bangladesh (a leste), a lei fundamental do Paquistão sempre foi oficialmente islâmica. A Constituição atual, ratificada em 1973, retoma o preâmbulo das constituições anteriores, afirmando que a lei fundamental do país visa a "estabelecer uma ordem" na qual:

> os muçulmanos poderão organizar suas vidas nas esferas individuais e coletivas em conformidade com os ensinamentos e as exigências do islã, conforme expostos no Corão Sagrado e na suna.[25]

A Constituição também criava um Tribunal Federal Charia, composto de juristas estudiosos muçulmanos tradicionais, os ulemás, e por juízes regulares do Supremo Tribunal, com poderes para rever amplas áreas da legislação e revogá-las quando "repugnarem ao islã".

Em 1979, o dirigente militar do Paquistão, o general Zia-ul-Haq, levou a questão adiante, lançando os chamados Decretos Hudood, como parte de uma política de aumentar a islamização. Entre outras coisas, as novas leis visavam a compatibilizar as práticas paquistanesas com a concepção do general sobre a charia, especialmente em relação à *zina*, sexo fora do casamento. Um dos efeitos foi implementar dispositivos da charia que reduziam significativamente as proteções jurídicas às mulheres. Por exemplo, uma mulher que fizesse uma denúncia de estupro agora teria de apresentar quatro homens adultos como testemunhas do ato. Se não o fizesse, o acusado deveria ser inocentado. Mas, na medida em que a mulher, ao denunciar o estupro, admitira ter tido relações sexuais fora do casamento, agora estava sujeita, por sua própria denúncia, às penalidades da *zina*: isso significava que podia ser condenada a cem chicotadas ou apedrejada até a morte por adultério.

É importante frisar que, nos poucos casos em que os tribunais inferiores aprovaram sentenças nessas circunstâncias, o Supremo Tribunal Charia as reviu e anulou. Mas não há muitas dúvidas de que os Decretos Hudood tornaram as denúncias de estupro muito mais arriscadas para as mulheres do Paquistão.

O sucessor do general Zia, o presidente Ghulam Ishaq Khan, foi além com a implementação de um conceito do direito islâmico da charia, promulgando o Decreto sobre *Qisas* [retaliação] e *Diyat* [indenização], substituindo grandes partes do código penal que o Paquistão tinha herdado do direito consuetudinário inglês. Com essas mudanças, o homicídio e outras lesões corporais menos graves passaram a ser tratados como crimes contra a pessoa e sua família, e não contra o Estado. Com esse decreto, as vítimas ou os herdeiros teriam direito a pedir *qisas*, e assim o ofensor ficaria sujeito a um dano equivalente ao sofrido pela vítima. Portanto, no caso de homicídio, os herdeiros da vítima poderiam pedir a morte do ofensor.

Ora, a sura *Al Ma'ida* do Corão, de onde deriva essa parte da charia, diz no versículo 45:

> Desta forma ordenamos a eles: "Vida por vida, olho por olho, nariz por nariz, orelha por orelha, dente por dente, e lesões iguais por iguais". Mas, se alguém abranda a retaliação por caridade, é um ato de reparação a si mesmo.

E assim o decreto permite que a vítima ou os herdeiros recorram a *qisas* e aceitem uma indenização por meio da chamada *diyat*. O processo pelo qual a vítima ou os herdeiros negociam um acordo se chama "composição".

Nem todos concordam que essa é a maneira correta de implementar a charia. A Comissão Nacional do Estatuto das Mulheres do Paquistão, em particular, sustenta que a interpretação adequada da tradição dá o direito à pena da *qisas* não só à vítima ou aos seus herdeiros, mas também ao Estado. Se estivessem certos, então não só a família, mas também o governo teria de renunciar à pena. Isso permitiria que o Estado decidisse punir o ofensor com o qual os herdeiros da vítima já teriam feito acordo, caso houvesse uma razão jurídica para isso. Os membros da Comissão ficam atentos ao fato de que os herdeiros da vítima, em casos de crime de honra, muito frequentemente são os perpetradores do crime. De fato, no caso Sarwar, consta que o irmão de Samia, como herdeiro, abriu mão da penalidade que caberia a seus pais.[26]

O Decreto da *Qisas* e da *Diyat* deveria resultar em dois grandes avanços na situação jurídica das mulheres no Paquistão. Primeiro, ele vinha substituir uma tradição do direito inglês que admitia a alegação de "provocação grave e súbita", a qual por muito tempo havia sido interpretada no Paquistão como motivo para que os tribunais demonstrassem especial leniência com os que matavam em nome da honra. Infelizmente, o Supremo Tribunal do Paquistão não quis levar em conta essa mudança. Numa decisão de 1995, o tribunal declarou que a instância abaixo dele tinha errado em ignorar a alegação do réu de que o crime "foi praticado sob provocação grave e súbita, ao encontrar o falecido em posição comprometedora com sua esposa nas primeiras horas da manhã", e determinou a soltura do assassino.[27]

Numa segunda mudança importante, a lei proibia explicitamente uma das formas tradicionais de *diyat*, que consistia no fato de que uma mulher da família do assassino fosse entregue a um homem da família da vítima como forma de "substituição". Infelizmente, parece que essa prática continua a vigorar, especialmente em zonas rurais afastadas da fiscalização do governo. E até mesmo uma lei de 2005 que criminaliza esses casamentos parece não ter tido grande impacto. Esses fatos devem nos lembrar de que as mudanças na lei, por si sós, pouco contribuem para melhorar a situação, a menos que sejam efetivamente implementadas, e não é provável que isso ocorra sem uma mudança nas atitudes públicas. Como no caso do duelo, corrigir a lei é apenas um começo.[28]

Os processos mais polêmicos ocorridos sob os Decretos Hudood criaram um tumulto dentro e fora do Paquistão. Por exemplo, quando Safia Bibi, uma criada cega de treze anos de idade, foi estuprada pelo filho do patrão no Punjab, em 1983, ele foi absolvido porque ela não pôde identificá-lo pelos critérios da charia; mas, como ela era solteira e estava grávida, havia provas incontestáveis de *zina*. O juiz condenou a menina grávida a apenas trinta chibatadas — por compaixão, ele disse, pois ela era cega. (Na esteira dos protestos, o Supremo Tribunal Charia acabou revendo e revertendo a decisão.) Naeem Shakir, advogado paquistanês, frisou com razão que "o processo de Safia Bibi trouxe vergonha a toda a nação quando a mídia mundial anunciou a notícia" de sua condenação.[29]

Este é o ponto, claro. Não há dúvida de que uma estratégia que podemos chamar de "envergonhamento coletivo" tem exercido pressão sobre o governo do Paquistão em geral e sobre suas autoridades políticas em particular, para abrandar os abusos mais escancarados dos direitos humanos das mulheres. Em 2004, o Parlamento do Paquistão aprovou uma lei alterando o código penal, deixando explícito que as mortes por honra eram crimes e estabelecendo os prazos mínimos das sentenças para tais delitos. Mas essa lei não alterou o fato de que as mortes por honra ainda podem ter uma "composição" com a *diyat*. Então, em 15 de novembro de 2006, depois de muitos anos de pressão dos ativistas nacionais e estrangeiros dos direitos humanos, o Parlamento do Paquistão alterou os Decretos Hudood com uma Lei de Proteção às Mulheres, eliminando a exigência de quatro testemunhas do sexo masculino. (Como era de se prever, a lei não agradou aos fundamentalistas.)[30]

Mas o mesmo sistema jurídico normalmente trata o fato de o homicídio ter se dado em nome da honra como motivo para comutar a sentença capital; em muitos casos, os assassinos por honra e seus cúmplices continuam a não responder a processo.[31] Em agosto de 2008, no remoto vilarejo de Baba Kot no Baluquistão, três moças que decidiram se casar contra a vontade de suas famílias foram condenadas à morte por um conselho de anciões. Quando duas parentes mais velhas das condenadas protestaram, elas mesmas foram acrescentadas à lista de execuções. Os cinco corpos foram atirados em uma vala sem qualquer indicação. Não se sabe se todas estavam realmente mortas quando foram sepultadas.

Numa cena que faz lembrar os debates sobre o caso de Samia Sarwar, quase uma década antes, o senador Israrullah Zehri, representante da região, ergueu-se no Senado do Paquistão em defesa dessas "tradições seculares".[32] (Isso me lembra a história — talvez apócrifa — do funcionário colonial britânico que proibiu que uma família indiana deixasse que uma viúva fosse queimada na pira fúnebre do marido. Os indianos protestaram: "Mas, senhor, é nosso costume". O funcionário respondeu: "E é nosso costume executar assassinos".) Assim, é preciso que continuem os apelos à honra nacional feitos pelos ativistas paquistaneses dos direitos humanos, somados aos protestos dos estrangeiros contra esse tratamento.

Uma reação dentro do Paquistão é reclamar, como fez a câmara do comércio de Peshawar, que pessoas como Hina Jilani, que chamam a atenção para esses problemas, prejudicam o bom nome do país. Mas, quando uma nação faz algo muito errado, mostrar o fato aos olhos da comunidade das nações é exatamente o que *deveria* fazer o patriota que se preocupa com a justiça e a honra nacional. Beena Sarwar, a artista, jornalista e documentarista paquistanesa, diz àqueles que gostariam que os conterrâneos não protestassem que "precisam se perguntar quem é responsável: os que perpetuam a violência ou os que são suas vítimas. O que nos faria uma nação melhor e mais forte: lidar com o problema ou enterrá-lo sob a areia?".[33]

QUESTÕES VIVAS

Será que podemos aprender alguma coisa sobre as perspectivas de mudança no Paquistão a partir das três revoluções morais que já examinamos, em que a mudança das ideias sobre honra levou as sociedades na direção do progresso moral? O duelo, o enfaixamento dos pés e a escravidão atlântica foram abandonados há muitas gerações. Mas, como vimos, o que surgiu não foi tanto uma mudança nas convicções morais, e sim uma revolução nas práticas — em que a honra teve papel central. O que havia de novo não eram os argumentos morais, e sim a disposição em viver de acordo com eles.

A honra, evidentemente, opera de maneiras diferentes nessas três revoluções morais, e assim sabemos agora que não é apenas um mecanismo que liga a honra e o progresso moral. Mas comecemos observando algumas características comuns a essas revoluções morais muito diversas entre si.

Em primeiro lugar, a própria prática imoral antiga dependia de um conjunto de códigos de honra. Isso é evidente no duelo. Mas lembre que a amarração dos pés era, na origem, uma prática de honra, garantindo não só a posição social, mas também a castidade das mulheres da elite han; e lembre ainda que a escravidão das fazendas no mundo atlântico não se resumia a uma instituição econômica — uma fonte de mão de obra —, mas constituía também um sistema de honra, em que o trabalho braçal era atribuído a uma raça desonrada, e a honra dos brancos, mesmo da mais baixa condição social, era reforçada por sua identidade como membros de uma raça que, legalmente, não podia ser escravizada.

Assim, um elemento central em todos os casos é que, para que a prática deixasse de existir, os códigos de honra tinham de mudar. O duelo teve de deixar de ser uma forma de sustentar a pretensão de honra do cavalheiro; a amarração dos pés teve de deixar de ser um símbolo de posição elevada; o trabalho e a ascendência africana tiveram de ser dissociados da desonra (este último processo ainda está em curso).

Uma segunda característica comum é que o código de honra enfrentou contestações morais e religiosas muito antes da revolução.

E, finalmente, os três casos têm em comum que, ao final da revolução, a honra foi arregimentada para o lado da moral. O duelo se tornou ridículo, objeto de zombaria e até fonte de vergonha. Indivíduos que antes procuravam a honra atando os pés das filhas agora mostravam honra recusando-se a enfaixá-los. E os britânicos extraíram um senso de honra nacional do papel que sua nação desempenhou para pôr fim a um vasto sistema tricontinental de trabalho forçado.

Mas, como eu disse, os casos também apresentam diferenças importantes. Para entendê-las, lembre inicialmente algo que eu apontei no capítulo 2: a identidade é importante para a honra de duas maneiras diferentes. Primeiro, um código de honra molda suas opções estabelecendo o que uma pessoa com sua identidade deve fazer. Ele determina um conjunto de práticas de honra. Segundo, um código permite que você participe da honra derivada das realizações de outras pessoas, com as quais você compartilha uma identidade.

Essa segunda ligação entre identidade e honra — partilhar o respeito através da identidade — não desempenhou nenhum papel importante no fim do duelo. Os cavalheiros na Inglaterra não tentaram persuadir outros cavalheiros a abandonar o duelo por pensarem que o duelo trazia desonra a todos os cavalheiros ingleses. Eles mudaram suas práticas de honra porque estas não funcionavam mais, em parte devido à democratização do mundo da honra em meados do século XIX na Inglaterra, e também porque, nesse momento, a pretensão dos cavalheiros ao direito de usufruir dessa instituição específica despertava não o respeito, mas o escárnio. Eles estavam, portanto, reagindo a transformações em torno deles. Não abandonaram a honra. O que fizeram foi redefinir seus códigos de honra para adaptá-los às novas condições sociais.

Mas os letrados chineses contrários à amarração dos pés realmente tentaram convencer seus colegas a abandonar a prática, pois pensavam que ela desonraria a todos eles. Esta é, então, uma maneira de rever as práticas de honra, e na verdade várias normas de muitas espécies. As pessoas de uma determinada identidade (chinesa, neste caso) podem decidir convencer todos os que partilham dessa mesma identidade a parar de fazer alguma coisa, porque isso desonra a todos eles. Podem também se sentir motivados por sua honra coletiva a querer que pessoas de outra identidade interrompam alguma prática, como as classes trabalhadoras britânicas que quiseram que os senhores escravocratas coloniais e os Estados Unidos acabassem com a escravidão. As classes trabalhadoras antiescravistas, que jamais se envolveram na escravidão, queriam que aquelas pessoas acabassem com a escravidão porque implicava em si uma falta de respeito, uma fonte de desonra para elas. A mesma democratização que minou o duelo também solapou a escravidão. Assim, nestes últimos casos havia um senso de honra coletiva, fossem chineses ou trabalhadores, que ajudou no avanço dos movimentos, mas por dois mecanismos muito diferentes.

Este é apenas um conjunto de observações históricas abstratas. Mas suponha que você queira extrair algumas lições para a morte por questão de honra, que, como o duelo, a amarração dos pés e a escravidão, é uma prática imoral. Uma via para a mudança, que aprendemos com a saga do enfaixamento dos pés, consistia em persuadir as pessoas de que sua prática trazia uma desonra coletiva, perante um mundo da honra mais amplo. Esta é a estratégia do envergonhamento coletivo, que acabamos de ver em funcionamento no Paquistão. Esse envergonhamento teve êxito na China e no estágio inicial do antiescravismo britânico, quando formou um movimento patriótico de classe média em defesa da honra britânica.

Vamos lembrar como ele funciona. As pessoas chamam a atenção de seus conterrâneos para o prejuízo causado por uma prática de honra à sua reputação nacional no estrangeiro. A estratégia exige uma aplicação cuidadosa, porque pode produzir uma reação nacionalista defensiva, em que a prática sob crítica é adotada e defendida com vigor renovado justamente porque estrangeiros sem compreensão se declararam contrários a ela. Esta é uma das razões pelas quais é importante que as contribuições dos estrangeiros não demonstrem incompreensão. Insistir que o crime de honra é contrário ao islamismo — que a vergonha recai não sobre o islã, e sim sobre o Paquistão e sua incapacidade de implantar os mesmos ideais islâmicos que, segundo a própria constituição do país, estão no cerne do projeto nacional — é, por esta razão, de importância fundamental. Na luta contra a morte por questão de honra, o islã é um aliado.

A morte por questão de honra, evidentemente, não é um problema restrito ao Paquistão. Ela também se encontra em países vizinhos, como o Afeganistão e a Índia. Na Turquia, onde leis contra ela foram de fato implantadas, a prática ainda é comum, sobretudo entre os curdos, em seus enclaves dentro de cidades como Ancara e Istambul, em outras cidades onde eles constituem maioria e nas áreas rurais. As mulheres são mortas ou marcadas com cicatrizes causadas por ácido no mundo árabe — do Egito à Arábia Saudita, da Jordânia e de territórios palestinos ao Iraque

— em nome da honra. Todas são sociedades muçulmanas onde o homicídio é ilegal, mesmo que a lei às vezes seja demasiado leniente quando se alega defesa da honra.

Quando os emigrantes desses locais se radicam na Europa e na América do Norte, levam consigo as normas da morte por questão de honra; como as famílias imigrantes enfrentam o desafio de se adaptar a novas sociedades com ideias muito diferentes sobre o que se espera da conduta e do tratamento a ser dado às jovens, a ameaça da morte por questão de honra tem se tornado uma das maneiras pelas quais os pais e irmãos controlam as filhas ou irmãs que resistem aos alegados costumes do lar ancestral.

Em todos esses lugares, o problema é proteger as mulheres desses riscos, revendo ao mesmo tempo os códigos que são a fonte da ameaça. Nem todos os perpetradores desses crimes são muçulmanos: há casos entre os siques tanto no sul da Ásia quanto em comunidades imigrantes, e entre os cristãos na Palestina. Mas com grande frequência são mesmo muçulmanos; então, neste caso, podemos começar a conversa assinalando que eles estão transgredindo e desonrando sua religião.

Mas seria tolice ignorar o fato de que existem outros aspectos do tratamento dado à sexualidade na lei e na sociedade de um país como o Paquistão que violam os direitos humanos e, ao mesmo tempo, têm sólidas raízes nas tradições muçulmanas. Na questão do crime de honra, não precisamos argumentar contra o islamismo tradicional, mas em outras questões não há como evitar essa dificuldade. É possível interpretar a exigência do Profeta em ter quatro testemunhas do sexo masculino (ou uma confissão) como prova de *zina* enquanto uma forma de criar um critério tão rigoroso para as provas que muito raramente será atendido. E, a meu ver, é uma hipótese plausível que o Profeta tenha estabelecido esses critérios rigorosos para tentar amenizar as penalidades mais severas dos códigos árabes anteriores de honra sexual. Afinal, salvo uma única exceção, todos os capítulos do Corão começam se referindo a Deus como "o mais compassivo, o mais misericordioso".

No entanto, as sociedades muçulmanas, com base em interpretações não forçadas de passagens do Corão e da hadith, têm apedrejado homens e mulheres até a morte por causa de adultério. Se uma república islâmica pretende reconhecer os direitos humanos de seus cidadãos, terá de repudiar esse elemento da tradição muçulmana. Mas sabemos que as religiões encontram meios de praticar tais coisas. A Bíblia hebraica diz, em Levítico 20,10:

> E o homem que comete adultério com a mulher de outro homem, ou o que comete adultério com a mulher de seu vizinho, o adúltero e a adúltera certamente serão condenados à morte.

A lei mosaica, como a charia, via o apedrejamento como o método adequado para executar essa sentença. Mas nenhuma seita cristã ou judaica dominante na atualidade quer que um Estado implante essa política.[34]

MUDANDO OS FUNDAMENTOS DA HONRA

O envergonhamento coletivo, para obter resultados, requer uma aliança de nacionais e estrangeiros, como vimos especialmente no caso da China. Ao tentar formar essa aliança, podemos nos basear na analogia com a posição antiescravista da classe trabalhadora, que mobilizou um grupo de pessoas levando-as a ver que uma prática de honra em outro lugar do mundo, e uma prática na qual não estavam propriamente envolvidas, acarretava desrespeito a elas. Chamarei essa estratégia de "filiação simbólica": você consegue envolver pessoas na luta contra uma prática fazendo-as ver que essa prática pressupõe que elas mesmas são desonradas. E uma das principais maneiras de mobilizar os estrangeiros é exatamente essa estratégia. Pois entre os aliados mais importantes entre aqueles que lutam contra o crime de honra no Paquistão (e em outros lugares) estão as organizações feministas internacionais, que em larga medida vieram a se envolver com a questão porque entendem que a prática do *karo-kari* trata as mulheres como pessoas menos dignas de respeito — menos honradas — do que os homens. Certamente elas se preocupam com o problema como uma questão de justiça, mas também se sentem consideravelmente motivadas pelo significado simbólico do crime de honra como uma expressão da subordinação das mulheres. É óbvio que isso se remete à honra das mulheres de todo o mundo e reflete a convicção de que elas não têm direito a um tipo de respeito muito simples e básico.

A prática da morte por questão de honra — que, embora também seja teoricamente aplicável aos homens, na imensa maioria das vezes volta-se contra as mulheres — serve não só para aterrorizar muitas mulheres e obrigá-las a aceitar abusos conjugais, como também para oferecer aos homens uma forma de se livrar impunemente de mulheres inconvenientes. Os anais judiciários do Paquistão estão repletos de casos nos quais o homicídio comum aparece sob o disfarce de um crime de honra.[35] Assim, uma mulher está sempre vulnerável a ameaças do marido, dos irmãos, dos pais e até mesmo dos filhos. Eles podem dizer: faça o que nós queremos, senão vamos acusá-la de *zina* e vamos matá-la, e provavelmente sairemos livres dessa. Samia Sarwar queria se divorciar do marido — do qual tinha se separado muitos anos antes — para se casar com um homem que amava. Tinha o direito de fazê-lo pela moral vigente, pela lei islâmica e pela legislação paquistanesa. Mas, como o divórcio poderia arranhar a honra da família, ela foi abatida a tiros em público pelo assassino levado por sua mãe. E, o que é pior, a flagrante conivência da família com o crime realmente resgatou a honra familiar. Embora o assassino tenha morrido na confusão após a morte de Samia, é de duvidar que ele fosse executado caso sobrevivesse.[36] Os políticos no Senado do Paquistão elogiaram o senso de honra da família, qualificando Sarwar (uma mulher casada de 29 anos de idade) de *bachi*, criança, e descrevendo o refúgio das mulheres desamparadas onde ela tinha se abrigado como um "antro de prostituição".[37] Procuraram envergonhar a morta e prodigalizaram honra à sua família.

As paquistanesas comuns sempre trabalharam, na agricultura ou em serviços domésticos. Atualmente, tem aumentado o número de mulheres de posição mais alta que trabalham. Assim como Samia Sarwar e sua mãe, essas mulheres estão se qualificando profissionalmente e contribuindo para a economia nacional. Também têm desenvolvido o hábito de falar em público e ser ouvidas. Mulheres como a primeira-ministra Benazir Bhutto ou a ilustre advogada de Samia Sarwar, Hina Jilani, só puderam contribuir para a vida pública paquistanesa porque se libertaram de um código de honra que idealiza a invisibilidade pública feminina. E mulheres com tais experiências não ficarão caladas enquanto suas irmãs são assassinadas, como mostraram os protestos generalizados logo após o assassinato de Samia Sarwar. Enquanto as mulheres das áreas rurais do Paquistão geralmente não contam com organizações locais que lhes deem apoio e não têm para onde escapar, as mulheres das cidades podem se refugiar em abrigos como Dastak e receber o apoio de organizações feministas e de direitos humanos.[38] Nessas condições, os códigos de honra usados para manter as mulheres "em seu lugar" têm sofrido pressões cada vez maiores.

Aqui a história do fim do duelo, quando um mundo da honra se convenceu de que seus códigos de honra não funcionavam mais, pode nos ensinar algumas coisas. Houve uma revisão das práticas de honra, passando daquelas de uma nobreza militar para os novos códigos mais civis do cavalheiro moderno de Newman, que se adequava melhor ao mundo presente. Certamente muitos paquistaneses teriam dificuldade em imaginar novas concepções de *ghairat* que considerassem o verdadeiro respeito pelas mulheres como elemento central para a honra masculina, assim como seria difícil conceber na Inglaterra do começo do século XIX um código cavalheiresco centrado em evitar danos aos semelhantes, ou, ainda, na China de 1880, um código matrimonial que colocasse em desvantagem a mulher de pés atados. Mas essas novas concepções já começam a ser imaginadas. Após o assassinato de Samia Sarwar, Asma Jahangir perguntou: "Que tipo de honra é disparar contra uma mulher desarmada?".[39] O lema nas páginas do site www.nohonor.org na internet, que se anuncia com a frase "Árabes e muçulmanos contra crimes 'de honra'", aponta exatamente para o cerne da questão: não há honra no crime de honra.

Em todas as revoluções anteriores, o poder motivador da honra manteve-se inconteste. Pelo visto, a maneira correta de avançar não é argumentar contra a honra, mas trabalhar para mudar os fundamentos dela, alterando assim os códigos com que se distribui. Asma Jahangir fez a pergunta certa. E, como ela própria ressaltou, Asma é apenas uma entre incontáveis paquistanesas que fizeram a mesma pergunta. No capítulo 1, citei uma pergunta semelhante de William Godwin sobre o duelo. Como você há de lembrar, ele perguntou se não seria mais corajoso resistir do que ceder à pressão social pelo duelo. Godwin tentava colocar a honra contra o duelo, assim como Asma Jahangir e seus companheiros de ativismo tentam colocá-la contra o *karo-kari*.

A violência contra as mulheres é um problema que permeia todo o planeta. A morte por questão de honra é apenas uma de suas várias modalidades. Mas acredito que cabe reformar a honra referente a todas as formas de violência com discriminação sexual; e, em particular, toda sociedade precisa manter códigos em que o ataque a uma mulher — o ataque a qualquer pessoa — de sua família seja fonte de desonra e motivo de vergonha.

A HONRA COMO PROBLEMA E SOLUÇÃO

Os três casos muito diferentes que já examinamos aqui mostram como as mudanças nos códigos de honra podem remodelar a honra, mobilizando-a em favor do bem. Com o duelo, as revisões nas noções de honra cavalheiresca na Inglaterra de meados do século XIX geraram uma nova cultura em que a ameaça central à honra do cavalheiro — a possibilidade de perder o respeito e sofrer vergonha — deixou de ser uma razão de duelo e passou a ser uma consideração contra o duelo. Na China, na virada do século passado, a honra das mulheres da elite cultural chinesa exigia que elas atassem os pés. Mas as mudanças na percepção da honra nacional entre os letrados levaram à mobilização de um tipo de honra — a honra nacional — contra o antigo sistema de honra aristocrática cujos códigos exigiam o enfaixamento dos pés. Os intelectuais que desejavam que o país encontrasse um lugar no mundo moderno remodelaram a cultura da honra, de forma que, no prazo de uma geração, os pés atados passaram a ser fonte não mais de honra, e sim de constrangimento e até de vergonha. No final do século XIX, uma família da elite chinesa han teria encontrado grande dificuldade em conseguir um marido apropriado para uma jovem com pés normais; nos anos 1930, na maioria dos lugares, acontecia o contrário. E, ao encontrar uma honra própria como povo trabalhador, o operariado inglês de meados do século XIX aliou-se contra a cultura da escravidão, que associava a liberdade (e a pele branca) à honra, e a escravidão (e a pele negra) à desonra.

Há mais uma coisa surpreendente em nossos três exemplos:

foram revoluções. Aconteceram, como pudemos ver com o fim do enfaixamento dos pés, com uma rapidez espantosa. O movimento pela abolição do tráfico negreiro começou no decênio de 1780 e se impôs nos anos 1790, precisamente nas duas décadas em que o secular tráfico inglês de escravos atingiu seu auge.[40] Em termos históricos, cada um desses momentos faz lembrar uma daquelas experiências de laboratório no colegial, em que um cristal se espalha rapidamente num fluido a partir de uma semente minúscula. O apogeu do duelo também não está longe de sua sentença de morte. Observando a morte por questão de honra, prática mais antiga do que o islamismo e ainda existente em grandes áreas da África e da Ásia, cabe lembrar que esses outros costumes antigos que pareciam imensos, permanentes e irremovíveis se dissolveram como papel queimado.

No final de *Sedotta e abbandonata*, *don* Vincenzo Califano sofre um enfarte com a tensão de organizar o casamento da filha mais nova, que relutava em aceitar Peppino. Enquanto agoniza, obtém do advogado e do médico a promessa de que não dirão nada a ninguém antes de terminar a cerimônia. Nos momentos finais do filme, vemos uma resignada e indiferente Agnese no altar, e vemos também sua irmã enquanto lhe cortam os cabelos e se torna freira — uma esposa de Cristo. A seguir, na cena final, aparece um busto de *don* Vincenzo sobre sua sepultura, com a inscrição: "Honra e Família". Três Ascalone renderam seus sacrifícios à honra. Mas o filme, mesmo triste, é uma comédia, uma sátira. Era um reflexo dos processos na cultura italiana que permitiram a Franca Viola resistir à cultura da honra em sua sociedade. E o que o filme mostra não é apenas que essas práticas são erradas — criando casamentos sem amor, frustrando sonhos, gerando sofrimentos e até a morte —, mas que também são absurdas, ridículas, e fazem da Sicília motivo de chacota. *Solventur risu tabulae.* O caso foi absolvido com risadas.

A lição que extraio é de que podemos ter mais êxito em libertar as mulheres paquistanesas da morte em nome da honra se trabalharmos para remodelar essa honra, em vez de simplesmente pregar a moral. A vergonha, e às vezes até mesmo o ridículo cuidadosamente calibrado, pode ser a ferramenta de que necessitamos. Não que os apelos à moral — à justiça, aos direitos humanos — não se apliquem. Pois o objetivo do ativismo contra os homicídios por honra deve ser o de incentivar mais paquistaneses a perceber que o país cai em desgraça ao permitir esses males. A essência errada desses crimes é fundamental para explicar por que eles são vergonhosos, assim como a essência errada da escravidão e do enfaixamento dos pés foi fundamental para os argumentos que mostravam que tais práticas eram fontes de vergonha para a Inglaterra e a China. A esperança que vejo é que, quando chegar a hora, haverá uma revolução: uma grande mudança num breve espaço de tempo.

Como vimos, as mulheres — e os homens — no Paquistão já perguntam: como um homem que mata uma mulher da própria família pode alegar que é honrado? Os intelectuais modernizadores já fazem a mesma pergunta sobre a morte por questão de honra que Kang Youwei fazia a propósito do enfaixamento dos pés: como podemos ser respeitados se fazemos uma coisa terrível? E fazem essa pergunta não só porque o mundo da honra deles se ampliou e passou a incluir o restante da humanidade, mas também porque desejam que sua nação seja digna de respeito a seus próprios olhos. Deve-se voltar a honra contra o crime de honra, tal como ela se voltou contra o duelo, contra o enfaixamento dos pés, contra a escravidão. Continue lembrando às pessoas, de todas as maneiras, que a morte por questão de honra é imoral, ilegal, irracional, irreligiosa. Mas receio que a admissão dessas verdades, por si só, não levará a uma coerência entre o que as pessoas sabem e o que fazem. A morte por questão de honra só findará quando for considerada uma desonra.

5. Lições e legados

O que nossos pais chamavam de arquétipo da honra era, na realidade, apenas uma de suas formas. Davam um nome genérico ao que era somente uma espécie. Portanto, pode-se encontrar honra nos séculos democráticos e nos tempos aristocráticos. Mas não será difícil mostrar que, naqueles, ela apresenta outra face.

Alexis de Tocqueville, *Democracia na América*[1]

HONRA: ELEMENTOS BÁSICOS

Percorremos muitas épocas e latitudes na pesquisa sobre o papel da honra em três revoluções morais do passado, visitando Wellington e Winchilsea em Londres, Kang Youwei em Beijing, Ben Franklin na Filadélfia e Josiah Wedgwood em Stoke-on-Trent; e terminamos no Paquistão moderno, onde podemos ter a esperança de que, em breve, uma revolução aconteça. Agora chegamos na etapa em que, como prometi no início, podemos expor na forma de uma teoria básica o que aprendemos sobre a honra.

Eis, então, o quadro: ter honra significa ter direito ao respeito. Em decorrência disso, se você quiser saber se uma sociedade se preocupa com a honra, primeiro procure ver se essas pessoas pensam que alguém tem direito a ser tratado com respeito. A próxima coisa é ver se esse direito ao respeito é dado com base num conjunto de normas compartilhadas, um código. Um *código de honra* diz como pessoas de certas identidades podem ganhar direito ao respeito, como podem perdê-lo e, ainda, como o fato de ter e perder a honra muda a maneira como elas devem ser tratadas.

Você pode mostrar muitos tipos de respeito pelas pessoas. Cada tipo supõe dar o peso apropriado, ao tratarmos com as pessoas, a algum fato ou fatos referentes a elas. Uma espécie de respeito importante envolve termos uma *consideração positiva* por alguém devido a seu êxito em atender a determinados critérios. A isso podemos chamar de *estima*. Estimamos pessoas que são boas em qualquer tipo de coisa, desde saltar de paraquedas a escrever poesia. Às vezes, porém, a consideração não deriva do êxito em relação a um critério, e é este segundo tipo de respeito que importa para a honra. Trata-se do *respeito por reconhecimento*. Devemos respeito por reconhecimento a policiais em serviço (desde que cumpram os códigos profissionais pertinentes). Encontre uma sociedade com um código que conceda direito a um desses tipos de respeito e você terá encontrado a honra.

Pessoas como o duque de Wellington e o conde de Winchilsea, que compartilham uma identidade e um mundo de honra, são *pares de honra*. Geralmente, têm direito a um respeito mútuo, que se baseia não na estima, mas no reconhecimento recíproco da posição que compartilham. Os pares de honra são iguais num sentido importante. Esse tipo de honra entre pares é muito diferente da *honra competitiva*, que você obtém destacando-se em alguma coisa, atendendo algum critério melhor do que os outros. A honra de Aquiles, que lhe era devida por ser um grande guerreiro, era competitiva. A honra competitiva é intrinsecamente hierárquica, pois classifica as pessoas segundo um critério.

Um código de honra exige um comportamento específico das pessoas com determinadas identidades. Logo, o que se tem muito amiúde são: identidades diferentes, exigências diferentes. É frequente, por exemplo, que os códigos façam exigências distintas a homens e mulheres. Mas as pessoas que respeitam um mesmo código pertencem a um mesmo mundo da honra, quer compartilhem ou não uma identidade. O que elas têm em comum é o fato de aceitarem as exigências que lhes faz o código em virtude de suas identidades e esperarem que os outros façam o mesmo. O Pashtunwali inclui um complexo código exatamente desse tipo, tal como os códigos que regiam os letrados chineses ou os cavalheiros ingleses.

Tanto a estima quanto o respeito por reconhecimento podem ser distribuídos por códigos de honra sem qualquer referência à moral. O respeito por reconhecimento a que os cavalheiros ingleses tinham direito, por exemplo, não era uma questão de mérito moral. E a estima que têm os artistas de sucesso reflete, sem dúvida, o atendimento a critérios de excelência, mas não a critérios de excelência *moral.* Os códigos de honra também podem exigir que as pessoas de determinadas identidades façam coisas que são efetivamente imorais: os assassinatos por honra são os mais óbvios.

Todavia, um tipo de honra é o direito ao respeito que você conquista fazendo o que a moral exige; outro tipo é o direito à estima que você tem quando faz além do que exige a moral. Esta é a honra de santos morais como Madre Teresa. Finalmente, a própria moral exige que reconheçamos que todo ser humano tem, sendo todas as outras coisas iguais, um direito fundamental ao respeito, que chamamos de *dignidade*. A dignidade também é uma forma de honra, e seu código faz parte da moral.

Seja qual for a maneira como chegou à sua honra — pelo êxito que levou à estima ou pelo reconhecimento de algum fato saliente que lhe concerne —, você pode perdê-la caso deixe de atender ao código. Se você se atém a um código de honra, não só reagirá com respeito àqueles que o cumprem, como também reagirá com desprezo àqueles que não o cumprem. Assim, se você atender aos critérios, terá respeito por si mesmo; se falhar, sentirá desprezo por si mesmo, ou seja, vergonha. Se alguém não sente vergonha ao falhar (ou, pelo menos, ao falhar fragorosamente), isso mostra que não se atém ao código. Dizemos que ela não tem vergonha.

O que você deve sentir quando se atém ao código é menos simples. O orgulho é o oposto da vergonha, e você pode supor que seria a reação correta da pessoa frente à própria honra. Mas alguns códigos de honra exigem que os honrados sejam modestos. Todavia, em muitas sociedades os códigos de honra ditam que as pessoas de certas identidades reivindiquem estima quando a merecem e insistam quando não a recebem.

A honra, como vimos, não é apenas uma coisa individual. Em primeiro lugar, como também já vimos, as exigências do código de honra dependem de sua identidade, o que significa que ele faz as mesmas exigências a todos aqueles que compartilham a mesma identidade. Mas, em segundo lugar, você pode compartilhar a honra de pessoas que têm a mesma identidade que você, sentindo orgulho ou respeito por si próprio quando elas agem bem (e vergonha quando agem mal) e também sendo tratado pelos outros com respeito ou desprezo. E isso mesmo que você não tenha feito nada.

Muitas coisas nessa imagem da vida de honra parecem muito antiquadas, não é mesmo? Hoje em dia, supõe-se que enxergamos através desses sucedâneos de um ideal e vemos que a moral propriamente dita consiste na justiça, no consentimento, nos direitos ou em não causar danos; e que o sexo e a classe a que você pertence, de qualquer forma, não têm nenhuma influência para determinar o que a moral exige de você. A honra deve ser exilada para alguma Santa Helena da filosofia, ficando a contemplar suas dragonas murchas e sua espada outrora reluzente a se corroer no ar salino.

Obviamente não é esse meu ponto de vista. Neste último capítulo, quero argumentar que a honra, sobretudo quando expurgada de seus preconceitos de casta, sexo e congêneres, é especialmente adequada para converter os sentimentos morais privados em normas públicas. Sua capacidade de unir o público e o privado fica evidente na maneira como ela conduziu — na Inglaterra, na China e agora no Paquistão — as convicções morais individuais à criação de associações e ao planejamento de assembleias, petições e campanhas públicas. Todas elas, como corretamente frisarão os historiadores e os sociólogos, são fundamentais para as vitórias finais de movimentos políticos desse gênero. Esta é uma razão pela qual ainda precisamos da honra: ela pode nos ajudar a fazer um mundo melhor.

Mas os sistemas de honra não nos ajudam apenas a fazer o bem pelos outros; podem nos ajudar na busca de nosso próprio bem. Se os códigos são corretos, uma vida honrada será uma vida genuinamente digna de respeito. Um mundo da honra como esse dará respeito às pessoas e aos grupos que o mereçam. O respeito será uma das recompensas de uma vida digna de ser vivida e fortalecerá o respeito próprio das pessoas que vivem bem. Num mundo em que se dá respeito aos que vivem bem, mais pessoas poderão viver bem; a cultura do respeito lhes dará sustentação. Assim, a honra não é um vestígio decadente de uma ordem pré-moderna; para nós, ela é o que sempre foi: um mecanismo movido pelo diálogo entre nossas autoconcepções e a consideração dos outros, que pode nos impelir a assumir seriamente nossas responsabilidades num mundo que compartilhamos. Uma pessoa com integridade se preocupará em viver de acordo com seus ideais. Se consegue, devemos respeito a ela. Mas preocupar-se em agir corretamente não equivale a preocupar-se em ser digno de respeito. É a preocupação com o respeito que faz a ligação entre o viver bem e nosso lugar num mundo social. A honra torna pública a integridade.

O DESAFIO MORAL

Mas se é com o avanço moral que nos preocupamos, por que tanto alvoroço em torno da honra? Afinal, sabemos que as coisas podem sair certo ou errado com igual facilidade. No caso de Winchilsea, não só era um descrédito para ele, como também era errado que acusasse Wellington de trapaça, deixando de lado a questão da honra. Assim, você poderia pensar que Wellington quis uma retratação para retificar a mentira, e não porque estivesse com a honra ofendida. Eis então o desafio que a moral lança à honra: se as pessoas devem fazer o certo porque é certo — um ideal da vida moral que foi claramente expresso pela primeira vez por Immanuel Kant —, o sistema ao qual esses nobres estavam reagindo é questionável, pois, mesmo que os oriente a fazer o que por acaso é certo, farão o certo pelas razões erradas. Se o errado é mentir ou não apresentar as desculpas devidas, por que não dizer isso pura e simplesmente? Para que invocar a honra?

Veja um caso muito simples. Suponha que eu seja uma pessoa com senso de honra. E suponha também que os códigos de meu mundo da honra concedam o direito ao respeito àqueles que tratam os outros com honestidade, algo que, evidentemente, a moral também exige. Se sou tentado a mentir, enganar ou roubar, terei um leque de razões para resistir à tentação. A razão mais básica é que isso seria simplesmente errado. Se eu me abstenho por essa razão, mostro o que Kant chamava de boa vontade: faço o que é certo porque é certo. E, como está dito na primeira frase de sua *Fundamentação da metafísica dos costumes*, Kant considerava que uma vontade boa é o único bem irrestrito que existe no mundo.[2]

Como tenho senso de honra, também quero preservar meu direito ao respeito. Desse modo, tenho mais uma razão para me abster, isto é, preservar minha honra. Quero ser digno de respeito, quer efetivamente me respeitem ou não. Assim, o dever e a honra me fornecem, ambos, razões que não têm nada a ver com as reações efetivas de qualquer outra pessoa a mim — razões que, neste sentido, são internas. Mas também existem razões externas para fazer o que é certo — razões que, como o medo da punição num tribunal, dependem do que aconteceria se as pessoas descobrissem que fiz algo errado. Como pessoa honrada, preocupo-me não só em ser digno de respeito, mas também em ser efetivamente respeitado; gosto de ser respeitado e, além disso, se as pessoas deixarem de me respeitar, não vão mais me tratar tão bem.

Uma das razões pelas quais Kant achava que o melhor era agir pela bondade de nossa vontade era que, se tentássemos agir assim e tivéssemos êxito, geralmente não seria por acaso que fizemos o que era certo. Por outro lado, alguém que age apenas por considerações de ordem externa, como acabei de mencionar, não terá nenhuma razão em fazer a coisa certa, a menos que pense que poderá ser descoberto. Note, porém, que no caso que imaginei — em que o código confere honra àqueles que fazem o que é moralmente certo —, a preocupação com a honra aparece, neste aspecto, como uma vontade boa. Se posso obter honra fazendo o que é moralmente certo, então o motivo da honra estará atuante independentemente das contingências da situação externa. Assim, se você dá valor à boa vontade pela razão de Kant, poderia dar valor à honra exatamente pela mesma razão, desde que seus códigos associem a honra a fazer o que é certo. Sua ligação com a ação correta não seria contingente, e sim interna.

Não é esta, penso, a posição de Kant. Logo a seguir na sua *Fundamentação*, ao considerar explicitamente a "inclinação pela honra" como motivo, ele diz que ela não é digna do mais alto respeito, mesmo que coincida com o dever e o interesse comum. Isso porque, a seu ver, a única coisa que merece pleno respeito é fazer a coisa certa porque é a coisa certa a se fazer; como às vezes ele diz, é agir por dever.

Ora, o que Kant aborda aqui é um caso em que a honra e o dever coincidem *glücklicherweise*, isto é, por um feliz acaso. Assim, ele não está considerando a possibilidade que acabei de esboçar de um tipo de honra cuja ligação com a moral *não* é uma questão de acaso. Então talvez ele concordasse comigo que, no caso específico de um código de honra plenamente moralizado, que concede respeito apenas ao cumprimento do dever moral, a honra é uma motivação tão valiosa quanto o dever. A concepção de Wilberforce correspondia a algo semelhante a isso, como vimos, e tanto Kant quanto Wilberforce eram modelos de pietismo protestante.

Mas o próprio Kant diz que devemos "elogiar e encorajar" as ações corretas motivadas pela honra.[3] Parece muito sensato. Afinal, se as pessoas acham difícil (e claro que acham) agir por dever, eis então uma causa para garantir que elas tenham outras razões para fazer o que é certo. Para atender a este desafio moral, não precisamos de formas de honra que sejam plenamente moralizadas, associando o direito ao respeito apenas ao cumprimento do dever moral. Precisamos é de códigos de honra que sejam compatíveis com a moral, o que é uma exigência muito menor. E Kant, de fato, como os outros pensadores do Iluminismo que abordei no capítulo 1, sempre escreve como se a honra — pelo menos o tipo certo de honra — fosse uma boa coisa.

Mas o fato de a honra motivar boas ações não faz dela uma razão para agir bem, não é? Para Kant, a questão das razões está associada a algo realmente grandioso: a liberdade — minha concepção de mim mesmo como pessoa agindo livremente. A liberdade não é uma questão de ser indeterminado; é uma questão de ser determinado por razões. Assim, ser livre é se ver respondendo a razões para agir. As razões são inteligíveis, e não só para a pessoa em questão. É por isso que não podemos reinterpretar as razões que guiam nossas escolhas como simples reflexos do que eventualmente queremos. Quando, como dizemos, "capto" uma razão, ela faz *sentido* para mim como base para fazer (ou pensar, ou sentir) alguma coisa. A razão me ajuda a entender por que devo fazer aquilo. E se *você* quiser me entender, precisa captar que isso também fornece uma base. Ver suas escolhas como decorrentes de simples desejos é não ter absolutamente nenhuma razão efetiva. Não admira que a palavra latina para a simples vontade — *arbitrium* — tenha resultado em nossa palavra "arbitrário". A percepção de Kant foi de que a vontade livre não é uma vontade desgovernada; pelo contrário, é uma vontade governada por razões. E uma vontade que é governada por razões precisa tomar essas razões como provenientes de algo exterior a ela.

Aqui sustento contra Kant que a honra é mais um dos apelos que a razão faz a nós; é um apelo que depende de nosso reconhecimento dos múltiplos critérios diferentes pressupostos por aqueles códigos de honra. E quando aqueles critérios fazem sentido para nós — quando habitamos o mesmo mundo da honra —, entendemos igualmente que aqueles que os atendem merecem nosso respeito. Às vezes, como vimos, o critério será a moral. Mas muitas vezes não.

O PROBLEMA DA HIERARQUIA

Às vezes somos motivados por um senso de justiça ou por uma preocupação em fazer a coisa certa, quer os outros percebam ou não. Mas com frequência somos motivados (ou *também* somos motivados) pelas expectativas da reação das pessoas ao que fazemos. Aqueles que gostam de nós, por exemplo, vão nos tratar melhor, e é por isso que queremos que gostem de nós. Estas são razões, que podemos chamar de "instrumentais", para nos importar com as atitudes dos outros em relação a nós. Mas, de modo geral, nós, seres humanos, reagimos ao respeito e ao desprezo não por termos razões instrumentais para isso, mas porque não temos como evitá-lo. É um fato inato que queremos ser respeitados e, pelo menos em parte, queremos isso como algo em si.

Recentemente, alguns psicólogos sociais têm proposto taxonomias dos sentimentos morais fundamentais, os sentimentos que, como dizem, são "recrutados" pelas culturas para sustentar suas normas. O levantamento inclui reações para evitar ou aliviar danos, bem como reações relacionadas com a justiça e a reciprocidade, a pureza e a contaminação, as fronteiras entre grupos internos e externos, e, ainda, o que chamam de "reverência" e "elevação".[4] Mas também reconhecem uma disposição humana fundamental em relação à hierarquia e ao respeito, sendo este entendido como algo derivado da hierarquia. John Locke, escrevendo em 1692, colocou a questão de forma concisa: "O desprezo ou a falta do devido respeito, percebido nos olhares, palavras ou gestos [...] de quem quer que provenha, sempre traz desconforto;

pois ninguém suporta contente se sentir menosprezado".[5] É razoável supor que as emoções e práticas da honra — a estima, o desprezo, o respeito, a deferência — tenham se desenvolvido com a hierarquia nos primeiros grupos humanos. A honra, nesse sentido, seria atávica?

Esta não é uma hipótese que podemos descartar de imediato. Um dos problemas com o código britânico da honra cavalheiresca era que ele distribuía o respeito de formas hierárquicas incompatíveis com a moral. Sem dúvida, o código exigia que os cavalheiros desafiassem em duelo outros cavalheiros que lhes negavam o respeito que lhes cabia como cavalheiros; mas não fazia tal exigência se o ofensor fosse das ordens inferiores. Quando um homem das ordens inferiores o tratasse com desrespeito, a reação adequada era fustigá-lo com o chicote de cavalo. Aqui o chicote de montaria era simbólico. A distinção entre os cavaleiros e os outros no sistema feudal era uma distinção entre os que combatiam montados e os que combatiam a pé. O chicote de montaria simbolizava a posição do cavaleiro. A palavra *chivalry* [cavalaria ou cavalheirismo] vem da palavra francesa para cavaleiro, *chevalier*, alguém que monta um *cheval*, um cavalo. (Ainda hoje na França, a honraria mais alta é ser um *chevalier* da Legião de Honra.)

O código cavalheiresco realmente exigia certas formas de comportamento — dever ao rei e ao país, cortesia, e assim por diante. Mas o código, além das normas de conduta, também abrangia meros fatos de nascença: você ganhava pontos se fosse bem-nascido. Era uma continuação dessa característica do critério que conferia ao príncipe Hal o direito à honra. De vez em quando, no século XVIII, podia-se admitir que alguém superasse suas origens — que um homem fosse, segundo aquela expressão condescendente, um "cavalheiro por natureza". Mas havia menos disposição em admitir que um homem ou mulher de berço — uma dama ou um cavalheiro de nascimento — pudesse ser, digamos assim, um plebeu por natureza. (Embora, é claro, muitas jovens tenham aprendido nos romances que um integrante das classes superiores pode se comportar como um bruto.)

A luta para romper a íntima ligação entre honra e berço é quase tão antiga quanto a própria ligação. Lembremo-nos de Horácio — filho de um escravo alforriado — dirigindo-se a Mecenas, o patrono das artes mais rico e mais nobre na Roma de Augusto, cerca de 2 mil anos atrás. Mecenas diz: "Não importa quem sejam seus pais, enquanto você for digno"; mas Horácio deplora que a maioria dos romanos não pensa dessa maneira.[6] O poeta se queixa que qualquer pretendente a um cargo público deve responder "de que pai descende e se é desonrado pela obscuridade da mãe".[7] Essa é a característica do antigo sistema de honra que rejeitamos, conforme passamos a desconfiar da ideia de que alguns merecem um tratamento melhor (ou pior) devido a identidades que não escolheram. Pensa-se que sua posição social — ou classe, se preferir — não deve lhe conferir nenhum direito moral, tampouco sua raça, seu sexo ou sua orientação sexual.[8]

Certamente, nem sempre o respeito está ligado à hierarquia. O respeito por reconhecimento, como você há de lembrar, é tratar alguém da maneira apropriada à luz dos fatos referentes à pessoa, e geralmente é um dever moral. Por exemplo, o dever moral de não causar sofrimento desnecessário aos outros deriva de um respeito que lhes é devido por causa de sua capacidade de sofrer. Mesmo o código britânico de honra cavalheiresca, como vimos, incorporava uma forma de respeito por reconhecimento: no pressuposto de fundo da pertença a uma mesma classe, ele insistia em certa forma de paridade social. O duelo com que iniciamos este livro trouxe a campo um venerado herói de guerra e um par pouco ilustre, unindo-os como iguais.

No entanto, isso não significa negar que o respeito por avaliação, sendo comparativo, realmente leva a alguma espécie de hierarquia, embora devamos ter claro que isso não precisa necessariamente colidir com a moral. Quando alguém faz algo moralmente heroico, podemos dever-lhe não só o respeito normal por reconhecimento, mas também o respeito por avaliação, e a estima que lhe concedemos vem impregnada de um sentimento moral. Ao mesmo tempo, grande parte da estima que concedemos — grande parte da honra que prestamos — envolve critérios que não têm absolutamente nada a ver com a moral. Quando honramos grandes estudiosos, artistas ou atletas, geralmente o que avaliamos não são suas virtudes morais. (Na verdade, hoje em dia estamos muito acostumados a nos decepcionar moralmente com nossos heróis acadêmicos, artísticos, políticos e esportivos.) Entretanto, nas sociedades meritocráticas, a estima frequentemente reflete critérios razoáveis de avaliação. Eu não deveria estimar um ganhador do Prêmio Nobel, alguém que recebeu de minha universidade um título honorário por suas ações filantrópicas, uma pessoa laureado com a Legião de Honra ou com a medalha de honra do Congresso?

"*Todo mundo* ganhou, e *todos* devem receber prêmios", diz o Dodô em *Alice no País das Maravilhas.* Mas não vivemos no País das Maravilhas. Não podemos deixar de reconhecer hierarquias em áreas como os esportes ou os estudos: levar esses campos a sério é simplesmente reconhecer que você pode se sair melhor ou pior neles. Em decorrência disso, um sistema de estima devidamente organizado pode apoiar motivos que devemos querer apoiar. E, como os mecanismos psicológicos subjacentes à estima funcionarão quer você queira ou não, a única política sensata é organizá-los, na medida do possível, para que sejam compatíveis com objetivos que podemos aprovar.

Em resposta ao ceticismo protestante em relação à estima (do tipo que vimos em Wilberforce), Hume foi inflexível: "Um desejo de fama, reputação ou bom nome junto aos outros está tão longe de ser censurável que parece inseparável da virtude, do gênio, da capacidade e de uma disposição nobre ou generosa".[9] Por "virtude", ele se refere à excelência moral, claro; mas por "gênio" ele se refere a outros tipos de excelência. Aqui, o argumento de Hume é o contrário do que citei no capítulo 1. Lá, seu argumento era que você pode ter honra sem virtude — a honra do "devasso" em duelo é má; aqui ele insiste que é difícil sustentar a excelência sem o apoio que a honra confere à sua prática. Honra não é moral; mas a psicologia que ela mobiliza certamente pode ser posta a serviço da realização humana.

A SEDE DE SANGUE

Assim, a honra pode atender ao desafio moral e também pode se livrar da dependência de formas hierárquicas moralmente ilegítimas. Mas ela enfrenta um terceiro desafio que quero examinar e que parece desagradavelmente ligado à violência. O duelo, o enfaixamento dos pés, a escravidão, o assassinato em nome da honra: todos estão associados a formas de vida em que a honra é sustentada pelo combate ou pela imposição da dor. Talvez, nos primórdios da história de nossa espécie, emoções relacionadas com a honra tenham ajudado a estruturar grupos que poderiam caçar, proteger-se contra os predadores e dividir a tarefa de criar os filhos. A ação em grupo era coordenada por critérios de deferência no julgamento e de obediência no comportamento. A cultura tomou esses mecanismos básicos e lhes deu outros usos. Mas muitas vezes esses mecanismos para manter a ordem falham, e então nós, humanos, e especialmente os homens, lutamos.

De fato somos uma espécie tremendamente violenta: lutamos dentro dos grupos, muitas vezes até a morte; e também nos organizamos em grupo para lutar contra outros, com uma frequência maior do que a grande maioria das outras espécies. Lutamos por alimento, sexo e poder; mas também por honra. Em busca da honra, as pessoas despendem recursos e, mais especialmente os homens, colocam a vida em risco. Isso só se assentaria em nós como tendência hereditária se os custos trouxessem benefícios que compensassem. Seja como for, eles provavelmente explicam por que nossa preocupação com a hierarquia — e nossa capacidade de incluir a nós e aos outros dentro dela — é tão aguçada.

Assim, inevitavelmente, as mudanças históricas que levaram ao fim do duelo, da escravidão e do enfaixamento dos pés alteraram a honra, mas não a destruíram. Como vimos, cada uma dessas mudanças fazia parte de uma revolução mais demorada e mais abrangente nos sentimentos morais, tendo como meta reduzir o papel da classe, da raça e do sexo na definição da hierarquia. Essas mudanças sociais modificaram o significado da honra, mas não extinguiram todas as hierarquias, visto que permitem distinções baseadas particularmente no mérito. Pelo contrário, elas visavam a mudar os padrões, a ajustar os critérios com os quais as pessoas são avaliadas. Mas outro projeto social fundamental foi domesticar a sede de sangue da honra.

Essa é, de fato, uma das façanhas notáveis da revolução moral que pôs fim ao duelo na Inglaterra. Ela removeu um tipo de apelo rotineiro à violência, amansando as disputas acerca da honra. (Aqui há certa ironia, já que os próprios códigos dos duelos tinham sido outrora um avanço moralizador: substituíram uma cultura da Itália renascentista em que os jovens buscavam sua honra em rixas desenfreadas, como aquela em que Romeu mata Teobaldo na peça de Shakespeare.) O cardeal Newman, na discussão que citei mais acima, sempre insistiu na gentileza do homem — sua descrição do ideal, que se estende por várias páginas, é uma leitura fascinante. O cavalheiro de Newman não apenas evita infligir sofrimento, como também "presta atenção a toda companhia; é terno com o modesto, gentil com o distante, indulgente com o absurdo; pondera com quem está falando, evita alusões impróprias ou temas que possam irritar; raramente se destaca na conversa, e nunca é enfadonho".

E um pouco adiante, como que censurando deliberadamente (embora de maneira implícita) os duelistas da geração anterior, o cardeal escreve: "Ele é sensato demais para se sentir afrontado com insultos, ocupado demais para lembrar injúrias e indolente demais para ter maldade".[10] Desde o "Homem de sentimento" de Mackenzie e Sterne, no final do século XVIII, até o cavalheiro de Newman, em meados da era vitoriana, tem-se um corpo argumentativo em desenvolvimento, na literatura e na ensaística moral, que visa a trocar a masculinidade irritadiça do campo de batalha, ciosa da honra marcial, pela civilidade mais amistosa da sala de visitas.

Mas a domesticação da honra cavalheiresca pessoal não eliminou a tentação de buscar a honra coletiva com a espada e a arma de fogo. Quando Newman escrevia, britânicos saíam para um império em expansão, imbuídos da leitura das peças históricas de Shakespeare ou de adaptações da *Morte d'Arthur*, com noções de honra com mais de quinhentos anos de existência. O século XX começou com uma guerra que trouxe uma mortandade indizível e cujos objetivos ninguém é capaz de lembrar. Até mesmo Rupert Brooke, um jovem e sensível poeta inglês que consideraria o duelo ridículo, celebrou com memorável vigor esse desperdício insensato de vidas humanas:

> Soprem, clarins, soprem! Trouxeram-nos, em nossa carência,
> Santidade, tanto tempo ausente, e Amor e Dor.
> A Honra retornou, como rei, à terra,
> E a seus súditos pagou régio soldo;
> E a Nobreza volta a percorrer nossos caminhos;
> E entramos na posse de nossa herança.[11]

Os que treinam nossas Forças Armadas alegam que a honra militar é essencial para motivar e civilizar a condução da guerra. Conforme sustentarei adiante, sinto-me inclinado a acreditar neles. Mas o problema, claro, é que sentimentos como os de Rupert Brooke — e qual alma, mesmo medianamente sensível, não sente a tentação de responder ao chamado daqueles clarins? — nos dispõem ainda mais a ir para a guerra.

Sem dúvida seria utópico esperar que a sociedade internacional seja capaz, num futuro previsível, de elaborar modos de administrar divergências que tornem a ameaça da guerra algo obsoleto. E se o Exército é um mal necessário, a vida dos soldados profissionais é uma daquelas instâncias em que ainda sentimos necessidade de algo similar à duradoura cultura da honra marcial, a honra do príncipe Hal.[12] Contudo, precisamos mantê-la em seu lugar, que é o campo de batalha, e não a condução da política externa.

A ESTIMA E A ÉTICA PROFISSIONAL

Como vimos, uma espécie básica de respeito por reconhecimento é agora algo que julgamos ser um direito devido a todos, sob a forma de dignidade humana. Mas isso não significa que não tenhamos diferentes formas de respeito por pessoas de identidades específicas. São exatamente esses direitos específicos ao respeito que concedemos aos padres durante a missa, aos gerentes no trabalho, aos policiais em serviço, aos juízes no tribunal e a muitos outros funcionários públicos cumprindo suas obrigações. Nesses casos, muitas vezes nosso respeito assume a forma de uma espécie de deferência determinada pelo contexto: no tribunal, dirigimo-nos ao juiz como "Meritíssimo", e não o criticamos com a mesma franqueza que poderíamos manifestar numa conversa à mesa do jantar, caso ele cometesse um erro judicial.

Uma das consequências da democratização de nossa cultura é que não esperamos que as pessoas mostrem esse tipo de deferência a seus concidadãos fora do contexto em que desempenham seus papéis específicos. Em formas de vida social mais antigas e menos democráticas, os homens podiam esperar deferência das mulheres; as classes superiores, podiam esperá-la das classes inferiores; os brancos, dos negros — e podiam esperar essa deferência a todo momento e em todo lugar. Isso criava mundos sociais onde a experiência das formas mais positivas de reconhecimento estava vetada a grande parte da população humana.

Mas, quando se trata de sustentar e disciplinar esses papéis sociais específicos, o respeito por avaliação — a estima — desempenha uma função essencial. Ele ajuda a manter normas de conduta rigorosas. Com efeito, como apontam Geoffrey Brennan e Philip Pettit, a estima, como maneira de moldar nosso comportamento, é policiada por todos no mundo da honra. A razão disso é simples: as pessoas num mundo da honra automaticamente veem com respeito aqueles que atendem a seus códigos e veem com desprezo aqueles que os transgridem. Como essas reações são automáticas, é extremamente barato manter esse sistema. A única coisa que ele exige de nós é que reajamos da maneira como já somos naturalmente propensos a reagir.

Suponha, inversamente, que você queira alcançar os mesmos efeitos usando o mecanismo formal da lei. Então você teria de dar novos poderes de controle e decisão a determinadas pessoas, o que gera novas preocupações. Você depararia com a velha pergunta latina: *Quis custodiet ipsos custodes?* Quem guardará os guardiões? Um aspecto atraente da economia da estima é que todos nós somos seus guardiões. Nenhum indivíduo concentra os poderes de aplicar os incentivos da estima, tal como faz um policial quando prende alguém ou um juiz quando decide uma sentença.[13]

Considere o código da honra militar. Ele vale para os indivíduos enquanto soldados (ou fuzileiros, oficiais... enfim, abrange diversas identidades) e, naturalmente, como agora sabemos, enquanto americanos, ingleses ou paquistaneses; e, ainda que os soldados possam sentir vergonha ou orgulho quando seu regimento ou pelotão se sai mal ou bem, o que lhes importa fundamentalmente é que devem seguir os códigos de honra dos militares.

Vale a pena indagar por que temos necessidade dessa honra. Afinal, poderíamos usar apenas a lei para conduzir nossos exércitos; a disciplina militar usa com facilidade as mais variadas espécies de punições. E os mercenários podem ter a motivação do dinheiro. Então, por que essas formas comuns de regulação social — o mercado e a lei — não são suficientes para gerir um exército, tal como são suficientes para gerir, digamos, outras funções estatais como a manutenção das estradas?

Bem, antes de tudo, essas outras formas de regulação exigem vigilância. Se podemos pagar a você uma gratificação adicional ou puni-lo por suas infrações, alguém tem que ser capaz de descobrir o que você andou fazendo. Mas, no calor da batalha, tudo fica encoberto pelas nuvens da guerra. Se o objetivo de um soldado era apenas ganhar um bônus ou escapar da prisão, não teria incentivo para se comportar bem no exato momento em que mais precisamos disso. É claro que poderíamos dedicar um esforço enorme e dispendioso para esse tipo de vigilância — teríamos de equipar cada soldado com um dispositivo que monitorasse todos os seus atos —, mas, além dos custos financeiros significativos, isso também teria altos custos morais e psicológicos. Em contraste, a honra, que se funda no próprio senso de honra do soldado individual (e no de seus pares), pode ser eficiente sem exigir grande vigilância; e, ao contrário de uma sentença judicial ou de um contrato comercial, qualquer um que estiver por ali e pertencer ao mesmo mundo da honra será eficiente para garantir a vigência do código, de forma que o custo de fazer vigorar a honra é, na verdade, extremamente baixo, e, como bem notaram Brennan e Pettit, não teremos de nos incomodar em guardar seus guardiões.

Há outra razão para preferir a honra à lei como mecanismo para motivar os soldados. Os tipos de sacrifício mais úteis na guerra exigem que as pessoas corram riscos que lhes exigem fazer coisas que, segundo o jargão, são supererrogatórias: são atos moralmente desejáveis, mas demasiado exigentes para ser moralmente obrigatórios. É moralmente errado punir alguém por não ter feito algo que não tinha o dever de fazer. Mas, visto que normalmente é admissível oferecer uma recompensa financeira para se fazer algo supererrogatório, isso poderia nos levar a pensar que a maneira correta de regulamentar a conduta militar, caso você conseguisse enxergar por entre as nuvens de poeira levantadas no calor da batalha, seria por meio de incentivos financeiros.

Porém, na medida em que temos um conjunto de códigos compartilhados sobre a honra militar, também temos compromissos que nos fazem pensar que o dinheiro seria a linguagem errada para recompensar façanhas militares: é simbolicamente inapropriado. Não damos bônus aos soldados por bravura: damos medalhas; mais importante, prestamos honra a eles. Damos a eles o respeito que sabemos que merecem. Tenho aqui defendido que vivemos não após a honra, mas com novas formas de honra. Todavia, nossos exércitos permanentes modernos conservaram um mundo da honra militar onde muitas lealdades e sentimentos, imagino, seriam reconhecidos por Wellington, bem como por Aquiles de Homero ou pelo duque de Bourbon de Shakespeare, que, percebendo em Agincourt que perderam a batalha daquele dia, exclama:

> Vergonha, eterna vergonha, nada além de vergonha!
> Morramos com honra!
> *Henrique* V, ato IV, cena V

Soldados que pensam assim são grandes adversários.

Essas reflexões sobre a honra e por que ela é tão eficiente e poderosa em motivar os soldados sugerem que talvez existam argumentos parecidos que se apliquem a outras profissões. Professores, médicos e banqueiros, por exemplo, fazem tantas coisas que seria muito difícil ou caro vigiar a ponto de controlar se estão sendo feitas de maneira conscienciosa. Temos todas as razões para esperar que façam mais do que exigem seus contratos de trabalho. E, como vimos nas crises da economia americana na primeira década deste milênio, o comportamento de banqueiros individuais buscando lucro pode, no conjunto, impor custos pesados a todos nós.[14]

Não sou economista e, para entender como devemos moldar as normas profissionais, é necessário o tipo de reflexão sobre o projeto das instituições que, justamente, constitui o estudo profissional dos economistas. Mas um fato visível na história recente é que, em muitos campos profissionais, os consolos do dinheiro têm em certa medida se equiparado aos da estima. Às vezes os dois tipos de recompensa fazem um acordo desagradável. O cirurgião Atul Gawande comentou, ao examinar o comprovado aumento dos custos médicos nos Estados Unidos, que existem comunidades médicas nas quais os valores empresariais — o trabalho intenso e a inovação com vistas a maiores lucros — ultrapassaram os valores corporativos tradicionais do Juramento de Hipócrates. Quando isso acontece, a estima cresce aliada ao dinheiro, em detrimento, como ele afirma, da saúde.[15]

Já em relação ao ensino, quantas vezes você ouviu as pessoas perguntarem o que aconteceu com o dedicado professor que trabalhava longas horas, respeitado pela comunidade e pelos pais dos alunos? (Aqui também, se a sociedade dá o devido apreço ao que fazem os bons professores, por que então eles recebem salários tão baixos?) Sem dúvida, é uma questão histórica complexa saber até que ponto existiu outrora um mundo onde essas profissões eram regidas por normas profissionais amparadas por um código de honra, e até que ponto esse mundo da honra desapareceu. Mas desconfio, e muitos compartilham dessa desconfiança, que aqui realmente houve uma perda.

MISSÕES HONROSAS

A honra, na forma de dignidade individual, alimenta o movimento mundial pelos direitos humanos; como estima individual merecida, permite que as comunidades, grandes e pequenas, recompensem e incentivem a excelência; como honra nacional, com suas possibilidades de orgulho e riscos de vergonha, pode motivar os cidadãos na luta interminável para disciplinar os atos de seus governantes. Somem-se esses aspectos à maneira como a honra pode nos servir em nossas profissões. Em todos esses contextos, ela se baseia numa característica de nossas psicologias sociais que, até onde sabemos, é inelutável.

Mas agora quero finalizar não com abstrações, e sim com duas pessoas, um homem e uma mulher, com origens e contextos que não poderiam ser mais diversos. Ambos foram levados por um senso de honra a se conduzir daquelas formas louváveis que constituem o melhor argumento para uma vida honrada. Ambos desafiaram um código de honra que contrariava a justiça e a decência, e com isso impulsionaram suas próprias sociedades — e não apenas elas — na direção de um futuro mais justo.

Vou começar pelo homem. No início de 2004, como todos devem lembrar, o mundo soube que soldados americanos na prisão de Abu Ghraib torturaram homens e mulheres sob sua guarda. Em 7 de maio daquele ano, o secretário da Defesa Donald Rumsfeld testemunhou perante o Senado dos Estados Unidos que os guardas de Abu Ghraib, como todos os membros das Forças Armadas americanas no Iraque, tinham "instruções [...] de cumprir as Convenções de Genebra".[16] Isso foi uma surpresa para o capitão Ian Fishback, oficial de 26 anos de idade da 82ª Divisão Aérea, que servira duas vezes — no Afeganistão e no Iraque — com a impressão de que as Convenções de Genebra não se aplicavam àqueles conflitos. No decorrer de uma curta carreira, em que já havia recebido duas Estrelas de Bronze por bravura, ele tinha visto prisioneiros no Iraque submetidos a torturas em Camp Mercury, perto de Fallujah, nos nove meses anteriores ao depoimento de Rumsfeld. Na verdade, durante seus serviços nos dois teatros de guerra, ele tinha presenciado "um vasto leque de torturas, incluindo ameaças de morte, espancamentos, ossos quebrados, assassinatos, exposição aos elementos, imposição de esforço físico extremado, captura de reféns, desnudamento, privação de sono e tratamento degradante". Ele pensava que essas violações das Convenções podiam ser decorrentes do fato de que outros, como ele, ignoravam os critérios que regiam o tratamento dos prisioneiros.

E assim decidiu descobrir quais eram realmente suas obrigações formais, até porque havia aprendido em West Point que, como oficial, devia garantir que seus homens jamais enfrentassem o ônus de cometer um ato desonroso. Mais tarde, ele escreveu:

> [Consultei minha] cadeia de comando até o comandante do batalhão, múltiplos advogados militares, congressistas e respectivos assessores democratas e republicanos, o escritório do inspetor-geral do Fort Bragg, relatórios do governo, o ministro das Forças Armadas e oficiais-generais, um interrogador profissional na baía de Guantánamo, o vice-diretor do departamento em West Point responsável por ensinar a Teoria da Guerra Justa e o Direito de

Guerra Terrestre, e numerosos pares que considero homens honrados e inteligentes.[17]

Nenhuma dessas fontes, disse ele, foi capaz de lhe dar o "esclarecimento" que procurava.

Mas falar em esclarecimento era, em certa medida, um eufemismo. O que ele realmente andava fazendo, durante boa parte do tempo, era levantar a questão da tortura em Camp Mercury. A certa altura, um de seus comandantes lhe disse que, caso insistisse naquelas indagações, a "honra de sua unidade estaria em jogo".[18] Mas o capitão Fishback sabia que existe uma diferença entre a honra e a reputação da unidade. E assim, embora as Forças Armadas americanas não o atendessem, ele não estava disposto a ceder. Informou os investigadores da Vigilância dos Direitos Humanos, contando-lhes o que sabia. Quando saiu o relatório da organização, as Forças Armadas novamente o decepcionaram: os agentes da Divisão de Investigação Criminal que falaram com ele pareciam mais preocupados em rastrear os nomes dos sargentos que lhe tinham passado algumas de suas informações e em investigar sua relação com a Vigilância dos Direitos Humanos.[19]

Em 16 de setembro de 2005, Ian Fishback decidiu não se esconder atrás do anonimato que lhe fora oferecido pela Vigilância dos Direitos Humanos. Escreveu ao senador John McCain, insistindo para "fazer justiça a seus homens e mulheres de farda", apresentando-lhes "padrões claros de conduta que reflitam os ideais pelos quais arriscam suas vidas". Por fim, o senador McCain e outros dois senadores se uniram para redigir uma legislação atendendo a isso.

Ian Fishback mostra o poder da honra a serviço da decência humana. Ele entende que a honra significa não só ser estimado, mas também ser *digno* de estima. Estava disposto a incorrer na desaprovação de seus pares e superiores — ou seja, com a perspectiva de uma carreira arruinada — para preservar aquele direito. Seu senso pessoal de honra, seu senso de honra como oficial militar, seu senso de honra como americano: todos estavam em jogo e em risco. "Somos os Estados Unidos da América", escreveu ao senador McCain, "e nossas ações deveriam se ater a um padrão mais elevado: os ideais expressos em documentos como a Declaração de Independência e a Constituição." Aqui vemos o duplo serviço que um senso de honra nacional presta a cada um de nós: ele permite que nos engajemos na vida de nosso país, mas também nos garante o engajamento dos concidadãos que se importam igualmente com nossa honra compartilhada.

Quanto ao padrão de honra individual de Ian Fishback, ele inclui a lealdade à lei e à moral, bem como a seus subordinados, os quais coloca acima dos desejos de seus superiores. O ex-secretário da Defesa Donald Rumsfeld — cuja percepção dessas verdades sobre a honra parece menos clara —, ao que consta, teria dito na época: "Dobrem esse homem ou acabem com ele. E rápido".[20] Talvez ele não tenha dito tal coisa. Já é bastante ruim que seja tão fácil crer nessa possibilidade. Então é uma boa coisa — para o capitão Fishback e para seus concidadãos — que, como disse um dos funcionários do Congresso, Ian Fishback fosse "uma pessoa muito poderosa", sem mencionar que era também "o indivíduo mais comprometido com a honra que encontrei em toda minha vida".[21]

O capitão Fishback nos mostra que a honra militar devidamente entendida é algo que merece o respeito de todos nós, soldados e civis. Mas, para entender o poder da honra em toda sua envergadura, precisamos examinar locais menos óbvios do que o mundo militar. E não há lugar menos óbvio do que um vilarejo rural no mundo em desenvolvimento. Foi num lugar assim, na aldeia de Meerwala, perto da cidade de Jatoi, distrito de Muzaffargarh, sul do Punjabi, Paquistão, que nasceu, cerca de seis anos antes do capitão Fishback, a mulher que é meu segundo modelo de honra. Ela se chama Mukhtaran Bibi, e sua família cultiva menos de um hectare numa área dominada por membros poderosos de uma tribo balúchi, os mastois.

Em 22 de junho de 2002, seu irmão Shakur, com doze ou treze anos de idade, foi acusado por alguns mastois de ter desonrado Salma, uma mulher da tribo balúchi com vinte e poucos anos, aparentemente porque estava conversando com ela num trigal perto de casa. Os acusadores decidiram lhe dar uma lição: espancaram e estupraram o menino, mantendo-o preso.

O pai de Shakur pediu ao mulá local que interviesse, mas o religioso não conseguiu persuadir os mastois. Então o pai foi à polícia. A essa altura, os mastois já tinham aumentado o ocorrido, acusando Shakur de violentar Salma. O menino foi entregue à polícia e encarcerado na prisão em Jatoi, a cerca de treze quilômetros de distância, denunciado por *zina bil jabr*, o crime Hudood que ocorre quando o sexo fora do casamento envolve coerção ou dolo.

Enquanto avançavam as negociações naquela tarde entre os representantes da família de Mukhtaran e Shakur e os mastois, uma multidão se juntou diante dos muros da casa mastoi, a trezentos metros de distância da casa de Mukhtaran Bibi. No final da tarde, seu pai, Ghulam Farid, disse-lhe que os mastois tinham garantido que, se ele fosse com a filha pedir desculpas pela ofensa de Shakur, o assunto estaria resolvido. E assim, depois de anoitecer, Mukhtaran, o pai, o tio e um amigo da família se dirigiram ao espaço aberto perto da mesquita, onde havia mais de cem homens reunidos. Mukhtaran, que na época estava com cerca de trinta anos, levava seu Corão, livro que não podia ler, mas que tinha aprendido a recitar de cor, livro que ensinava às crianças da aldeia, livro que pensava que ia protegê-la.

Cinco mastois comandavam os procedimentos, agitando as espingardas, gritando, ameaçando os homens que acompanhavam Mukhtaran Bibi. Um deles, Abdul Khaliq, irmão de Salma, empunhava uma pistola. Mukhtaran Bibi, num gesto de respeito, estendeu o xale no chão diante deles, recitou um versículo do Corão e rezou silenciosamente enquanto aguardava para ver o que aconteceria. Não precisou esperar muito. Os mastois já haviam decidido que a reação à desonra que alegavam ter sofrido com o ataque imaginário a Salma seria desonrar a família do menino acusado. Mukhtaran Bibi foi agarrada por quatro homens e estuprada pelo bando durante uma hora, numa choupana não muito distante. Quando terminaram, empurraram-na para fora, quase nua, e o pai a levou para casa.

Evidentemente, a falta de pudor dos mastois refletia a convicção de que se safariam sem nenhum problema. Em circunstâncias assim, no Punjabi, seria de esperar que uma mulher na posição de Mukhtaran Bibi — mulher pobre de uma família de lavradores — sofreria em silêncio; e sua família, aterrorizada pelos mastois, com suas armas e ligações na polícia e no governo da província, teria de aceitar. Muitas mulheres do Punjabi, nessas condições, se matariam.

Mas na semana seguinte, nas preces da sexta-feira, em seu sermão, o mulá condenou os mastois pelo que tinham feito. Um jornal local publicou o caso da mulher condenada ao estupro em grupo por um *panchayat* — o conselho de aldeia —, e o episódio foi abraçado por grupos de direitos humanos, divulgado pela internet e publicado na imprensa internacional. O governo do Punjabi determinou que a polícia local investigasse o assunto. E assim, num domingo, oito dias após ter sofrido o ataque brutal — oito dias que passou em lágrimas, isolada com a família —, Mukhtaran Bibi foi intimada pela polícia e levada a Jatoi, com o pai e o tio, para o interrogatório. Os repórteres reunidos na delegacia começaram a lhe fazer perguntas e, ao invés de se retrair envergonhada, ela lhes contou sua história.

Nos anos seguintes, com o auxílio de ativistas de direitos humanos no Paquistão e no exterior, Mukhtaran Bibi continuou a lutar por justiça. E as autoridades do país estavam divididas entre os dispostos a ajudá-la e os dispostos a impedi-la. A polícia local, acostumada a se alinhar com os poderosos, falsificou seu depoimento, pedindo que pusesse sua impressão digital numa folha de papel em branco para então distorcer sua história. Mas depois um juiz entrevistou Mukhtaran e o mulá, e registrou suas palavras. Em três meses, um tribunal condenou seis homens à morte pela participação no estupro. Mas a sentença foi anulada pelo tribunal de segunda instância em Lahore, que os absolveu. Então, um Tribunal Charia anulou a decisão do tribunal de Lahore, e o Supremo Tribunal, diante de três decisões conflitantes em três tribunais diferentes, interveio por conta própria e decidiu considerar diretamente o caso. Isso foi em 2005. Em fevereiro de 2009, os jornais paquistaneses noticiaram que o ministro do tribunal federal responsável pela defesa, Abdul Qayyum Khan Jatoi, que representa a região de Mukhtaran Bibi no Parlamento paquistanês, estava tentando convencê-la a retirar a queixa. Mais surpreendente, talvez, é que o processo ainda estivesse pendente, depois de sete anos.

Enquanto isso, Mukhtaran Bibi estava sob a proteção constante de policiais, que a defendiam de seus vizinhos mastois enfurecidos. E em março de 2009 ela se casou com um dos policiais enviados à aldeia para protegê-la.

Mas, enquanto os tribunais paquistaneses não se decidiam, Mukhtaran Bibi transformou sua aldeia e seu país. A filha analfabeta de um lavrador se tornou Mukhtar Mai, a Respeitada Irmã Mais Velha, nome pelo qual agora ela é conhecida em todo o mundo. Quando o governo lhe enviou um cheque de indenização, ela utilizou o dinheiro não só para pagar as despesas judiciais, como também para abrir uma escola de meninas em Meerwala. Não queria que mais uma geração crescesse no analfabetismo e na falta de capacitação. À medida que seu caso passava a ser cada vez mais conhecido no mundo, ela recebia assistência e dinheiro de muitos lugares. Agora ela dirige duas escolas (uma para meninas, outra para meninos) e também a Organização de Assistência às Mulheres Mukhtar Mai, que oferece abrigo, assistência jurídica e serviços de advocacia.

Acima de tudo, ela divulga constantemente sua situação e a de outras camponesas. Ao invés de se esconder com a vergonha que seus estupradores pretenderam lhe impor, ela expôs a depravação *deles* e insistiu na justiça, não só para si, mas também para as mulheres de seu país. Mukhtar Mai entendeu que sua casta e seu sexo não eram razões para que lhe negassem respeito. Ela vive sua dignidade e, com isso, ensina a outras mulheres que elas também têm direito ao respeito.

Nicholas Kristof, o jornalista do *New York Times* que ajudou a divulgar o caso de Mukhtar ao redor do mundo, descreve a cena na casa dela nas seguintes palavras:

> Mulheres desesperadas de todo o Paquistão chegam em ônibus, táxis e carroças, pois ouviram falar de Mukhtar e esperam que ela possa ajudar. Os piores casos são os de nariz amputado — punição paquistanesa comum, ministrada a mulheres para envergonhá-las para sempre. Então Mukhtar ouve até o fim e tenta arranjar médicos, advogados ou outros auxílios para elas. Enquanto isso, essas mulheres dormem com Mukhtar no chão do quarto [...] todas as noites, há até doze mulheres, todas deitadas no chão, aninhadas umas nas outras, consolando-se mutuamente. São vítimas com histórias dolorosas — e, no entanto, também são símbolos de esperança, sinais de que os tempos estão mudando e as mulheres estão reagindo.[22]

Em sua própria história, contada a um jornalista francês, Mukhtar Mai narra como encarou a multidão furiosa de mastois consumidos pela própria honra. E diz: "Mas, embora eu conheça meu lugar como membro de uma casta inferior, também tenho um senso de honra, a honra dos gujars. Nossa comunidade de pequenos camponeses pobres está aqui há muitas centenas de anos e, mesmo que eu não conheça nossa história em detalhes, sinto que faz parte de mim e está em meu sangue". É difícil saber como interpretar essas palavras sob o véu da tradução. Mas, quando ela descreve sua vida anterior e a reação de seu pai ao ataque que sofreu, temos a impressão de que foi criada numa família que entendia que, qualquer que fosse a posição que ocupasse na hierarquia social local, também tinha direito ao respeito.

Você pode perguntar qual é o papel da honra nessas histórias que não possa ser desempenhado pela moral em si. Uma percepção moral impede que os soldados violentem a dignidade humana de seus prisioneiros. Leva-os a desaprovar os atos dos que não têm essa percepção. E permite que as mulheres cruelmente violentadas saibam que seus violentadores merecem punição. Mas é preciso senso de honra para que um soldado não se limite a fazer o certo e condenar o errado, e insista que se faça algo quando outros a seu lado estão fazendo coisas más. É preciso senso de honra para se sentir envolvido pelas ações dos outros.

E você precisa de senso de dignidade própria para insistir, contra todas as probabilidades, em seu direito à justiça numa sociedade que raramente oferece justiça a mulheres como você; e precisa de um senso de dignidade de todas as mulheres para reagir ao estupro brutal não só com indignação e desejo de vingança, mas com uma determinação de reformar seu país, para que as mulheres sejam tratadas com o respeito que você sabe que elas merecem. Fazer essas escolhas é viver uma vida de dificuldades, e às vezes até de perigo. Mas é também, e não por acaso, viver uma vida de honra.

Agradecimentos e fontes

Nestas notas, registro minhas principais dívidas intelectuais, menciono materiais que podem interessar ao leitor que queira prosseguir a reflexão sobre esses problemas e trato de algumas questões que não encontraram lugar no corpo principal do livro.

Aprendi muito quando apresentei a primeira versão deste estudo no ciclo Seeley Lectures em Cambridge, em janeiro de 2008, e gostaria de agradecer aos docentes do departamento de história pela hospitalidade (e por confiarem o passado a alguém que não é historiador!). Aprendi ainda mais quando apresentei versões posteriores no ciclo Romanell-Phi Beta Kappa Lectures na Universidade de Princeton e Page-Barbour Lectures na Universidade da Virginia em março e abril de 2009. Minha análise da honra foi assunto de conversas muito fecundas no departamento de filosofia da Universidade da Pensilvânia em março de 2009, onde dei apenas uma palestra enfocando os aspectos da argumentação filosófica, e na Universidade de Leipzig em junho de 2009, onde dei uma palestra levemente diferente sobre o mesmo tema. Em novembro de 2009, apresentei a Leibniz Lecture da Academia Austríaca de Ciências em Viena sobre a honra, que me trouxe mais contribuições enquanto eu concluía este livro. Igualmente proveitosos para a conclusão do trabalho foram os debates sobre "A vida da honra" que mantive num pequeno seminário com estudantes de pós-graduação em Princeton no outono de 2009.

Infelizmente, não lembro quem disse o que e onde, mas, se você reconhecer aqui alguma colocação que tenha feito numa dessas ocasiões, agradeço-lhe por ela. Agradeço também às várias pessoas com quem conversei nestes últimos anos sobre o tema da honra. Lamento apenas não ter podido incorporar todas as colocações. Bob Weil, meu editor na Norton, fez diversas sugestões úteis e detalhadas, o que, como sabem todos os que o têm como editor, é uma característica de seu trabalho. É um prazer trabalhar com ele, como eu já sabia desde *Cosmopolitanism: Ethics in a World of Strangers* [Cosmopolitismo: a ética num mundo de estrangeiros] (Nova York: W. W. Norton, 2006). Finalmente, como sempre, quero agradecer a Henry Finder pelo auxílio em todas as etapas da redação do livro, especialmente por ler e ajudar a revisar não um, mas dois rascunhos anteriores, que já estavam completos, mas ainda eram insatisfatórios. (Ele também me acompanhou em Cambridge e em Viena, o que significa que teve de me ouvir discorrer sobre a honra quatro vezes ao todo!)

Em todas as citações, americanizei discretamente a grafia, quando necessário, mas mantive a grafia original nos títulos dos livros e artigos. Todas as citações bíblicas são da Bíblia do rei Jaime. Para o Corão, utilizei *The Holy Qur'an* [Corão Sagrado], na tradução de Abdullah Yusuf Ali (Londres: Wordsworth Editions, 2000). Outras traduções, salvo indicação em contrário, são minhas (inclusive a transposição de sir Thomas Malory para o inglês moderno!). Nas notas abaixo, apresento as referências bibliográficas detalhadas. Todos os links da internet foram conferidos em 27 de novembro de 2009. A epígrafe do livro foi extraída de Samuel Taylor Coleridge, *Biographia Literaria: Or, Biographical Sketches of My Literary Life and Opinions* [Biografia literária, ou: esboços biográficos de minha vida e opiniões literárias] (Londres: George Bell & Sons, 1905), p. 113.

PREFÁCIO [pp. 11-20]

Entre os clássicos modernos sobre a Revolução Científica que tenho em mente estão: Paul Feyerabend, *Contra o método*, trad. Octanny S. da Mota e Leônidas Hegenberg (Rio de Janeiro: Francisco Alves, 1977); Alexandre Koyré, *Do mundo fechado ao universo infinito*, trad. Donaldson M. Garschagen (Rio de Janeiro: Forense Universitária, 1979); e Thomas Kuhn, *A revolução copernicana: a astronomia planetária no desenvolvimento do pensamento ocidental*, trad. Marília Costa Fontes (Lisboa: Edições 70, 1990); *A estrutura das revoluções científicas*, trad. Beatriz e Nelson Boeira (São Paulo: Perspectiva, 2006, 9ª ed.).

A distinção que traço entre ética e moral provém de Ronald Dworkin e encontra-se em muitas partes de sua obra. Ver, por exemplo, *Sovereign Virtue: The Theory and Practice of Equality* (Cambridge: Harvard University Press, 2002), pp. 242-76. Meu trabalho anterior sobre o lugar da identidade encontra-se em Kwame Anthony Appiah, *The Ethics of Identity* [A ética da identidade] (Princeton: Princeton University Press, 2005) e *Cosmopolitanism: Ethics in a World of Strangers.*

1. MORRE O DUELO [pp. 21-67]

Ao longo deste capítulo, devo muito a V. G. Kiernan, *The Duel in European History: Honour and the Reign of Aristocracy* (Nova York: Oxford University Press, 1988), com seu extenso estudo sobre o surgimento e o declínio do duelo; e também a Stephen Darwall, que introduz a distinção entre respeito por avaliação e respeito por reconhecimento, na qual baseio este livro, em seu "Two Kinds of Respect", *Ethics*, 88 (1977), pp. 36-49.

A epígrafe deste capítulo corresponde à regra XIV de *The Irish Practice of Duelling and the Point of Honour*, que é citado em Joseph Hamilton, *The Duelling Handbook* (Mineola: Dover Publications, 2007 [republicação da edição de 1829]), p. 140. A frase completa diz: "Os assistentes devem ter na sociedade o mesmo nível dos que acompanham, visto que um assistente pode escolher ou por acaso vir a ser um deles, e a igualdade é indispensável". Para um documento de grande influência — *The Irish Practice* é a base de muitos códigos de duelo publicados no começo do século XIX nos Estados Unidos —, este código tem fontes históricas surpreendentemente frágeis: Joseph Hamilton cita-o a partir de sir Jonah Barrington, *Sketches of his Own Times* (1827) (Londres: Lynch Conway, 1871), p. 277 e ss. Barrington foi afastado do cargo de juiz do Supremo Tribunal do Almirantado na Irlanda, em 1830, por apropriação indébita. E não só por isso ele era inconfiável. O escritor irlandês William Fitz-Patrick comentou a respeito dos *Sketches*: "Por mais agradável" que o livro fosse "como leitura ligeira, não é totalmente confiável como autoridade histórica" — William J. Fitz-Patrick, *"The Sham Squire" and the Informers of 1798 with a View of their Contemporaries*, 3ª ed. (Dublin: W. B. Kelly, 1866), p. 289. E o próprio Hamilton diz: "Talvez devamos nos desculpar por copiar tantas páginas de sir Jonah Barrington, que geralmente é considerado uma autoridade apócrifa".

A Lei de Atestação de 1678 determinava que os membros da Câmara dos Lordes e da Câmara dos Comuns deviam prestar o seguinte juramento:

> Eu, na presença de Deus, professo, atesto e declaro sincera e solenemente que acredito que no Sacramento da Ceia do Senhor não há nenhuma Transubstanciação dos elementos do pão e do vinho no Corpo e na Carne de Cristo durante ou após sua consagração por qualquer pessoa que seja; e que a invocação ou adoração da Virgem

Maria ou qualquer outro Santo, e o Sacrifício da Missa, como são agora usados na Igreja de Roma, são supersticiosos e idólatras.

Outros juramentos semelhantes foram acrescentados em emendas posteriores. A Lei da Liberação Católica aboliu esses atestados de fé.

Frank Henderson Stewart, em seu excelente livro *Honor* (Chicago: University of Chicago Press, 1994), sustenta que a honra é um direito ao respeito — ver especialmente o capítulo 2 e o apêndice 1. Mas ele julga que o senso de honra é um fenômeno relativamente moderno — datando talvez dos meados do século XVII na Inglaterra — e que, quanto mais central for o papel do senso de honra numa sociedade, menos sustentável se torna toda a concepção de honra. Isso porque o senso de honra se dissolve cada vez mais na integridade, isto é, em ser fiel aos próprios valores, honesto consigo mesmo. É um ideal ético importante, central para as vidas modeladas, como frequentemente ocorre conosco nos tempos modernos, por ideias românticas de autenticidade — ver Appiah, *The Ethics of Identity*, pp. 17-21. E, segundo Stewart, não há razão para isolar essa virtude de todas as demais e lhe atribuir o estatuto especial — o respeito organizado — que acompanha a honra. A segunda razão pela qual Stewart considera que o crescente senso de honra corrói a própria honra é que, quanto mais o interiorizamos, mais difícil é saber se alguém realmente o possui. Concordo que a significação cada vez maior do senso de honra é um processo histórico importante.

Stewart também defende que há uma tendência crescente de se equiparar o código de honra à moral, embora, por razões que deveriam ser evidentes, eu não acredite que essa equiparação seja tão completa quanto parece sugerir. Mas esses dois argumentos dele pretendem nos convencer de que, quando tomamos o senso de honra como núcleo central da questão, teremos boas razões para abandonar todo o sistema de honra. Essa segunda preocupação parece desconsiderar um aspecto do senso de honra sobre o qual tenho insistido, e é exatamente o que motiva as pessoas a agir bem, mesmo que ninguém esteja observando, porque as pessoas honradas querem ser *dignas* de respeito, e não só ser respeitadas.

Minha resposta à sua primeira preocupação — de que não há nenhuma razão para atribuir à integridade um lugar especial entre as virtudes — desdobra-se em duas partes. Em primeiro lugar, fiz isso ao mostrar, no último capítulo, por que um senso de honra tem especial utilidade em certos contextos profissionais; e, em segundo lugar, ao insistir que a honra é de segundo grau de uma maneira específica, mesmo naqueles casos em que é a moral que estabelece o critério adotado por ela. Onde os critérios de honra são morais, concede-se estima a quem age bem em algum aspecto moral. A atenção à honra nesses casos é apenas a maneira mais básica de vincular a estima e o desapreço a nossas preocupações morais.

Na cultura da honra de Wellington, havia razões especiais para que um primeiro-ministro não travasse duelo, sendo uma delas que as acusações à conduta de um indivíduo em cargo oficial não diziam respeito à honra individual. Assim, embora ele e lorde Winchilsea discordassem quanto à questão católica, a divergência não poderia ser motivo para um duelo. Isso não impedia que, de vez em quando, alguém lançasse um desafio a outro que havia atacado seu caráter no Parlamento. Daniel O'Connell — o patriota irlandês cuja eleição preparou o cenário para a Lei da Liberação Católica, quando foi eleito e não pôde ocupar o assento na Câmara, por não prestar o juramento da Lei de Atestação — jurou, depois de matar John D'Esterre em duelo em 1815, que nunca mais voltaria a duelar. (Ele também conseguiu obter um estipêndio anual para sustentar a filha de D'Esterre.) Em 1835, quando O'Connell disse na Câmara dos Comuns que lorde Alvanely era um "bufão empolado", o lorde o desafiou para um duelo. O'Connell manteve o juramento — naturalmente, era o que faria um cavalheiro. Seu filho Morgan duelou em seu lugar. Morgan O'Connell e lorde Alvanely trocaram tiros três vezes, mas nenhum dos dois saiu ferido. Essa tendência geral na Inglaterra de considerar a política tópico inadequado para o desafio a um duelo estava em agudo contraste com o que ocorria nos Estados Unidos na mesma época — ver Joanne B. Freeman, *Affairs of Honor: National Politics in the New Republic* (New Haven: Yale University Press, 2001).

Para a troca de mensagens entre os dois pares e seus assistentes, a narrativa do duelo feita pelo dr. Hume e uma carta fascinante de Jeremy Bentham a Wellington sobre o episódio, ver Arthur, Duke of Wellington, *Despatches, Correspondence, and Memoranda of Field Marshal Arthur Duke of Wellington K. G.*, organizado por seu filho, o Duque de Wellington (Londres: John Murray, 1873), v. V, pp. 533-47. A versão do dr. Hume sobre os fatos, em sua carta à duquesa de Wellington, ocupa diversas páginas, e foi nela que me baseei para a descrição do duelo que abre este livro. Charles Greville, em quem também me baseio para a reação ao duelo, era neto do duque de Portland (pelo lado materno) e do conde de Warwick (pelo lado paterno). Estudou em Eton e Christ Church College, Oxford, e foi pajem na coroação de Jorge III — ver Charles C. F. Greville, *The Greville Memoirs: A Journal of the Reigns of King George IV, King William IV and Queen Victoria*, organizado por Henry Reeve (Londres: Longmans, Green, & Co, 1899).

O diálogo entre Boswell e Johnson sobre o duelo traz um ensaio na íntegra:

> Foi introduzido o tema do duelo. JOHNSON: "Não há nenhum caso na Inglaterra em que um dos combatentes DEVA morrer: se você venceu seu adversário desarmando-o, é o que basta, embora não deva matá-lo; sua honra, ou a honra de sua família, está restaurada, até onde um duelo pode restaurá-la. É covardia forçar seu antagonista a retomar o combate quando você sabe que tem vantagem sobre ele devido à sua maior habilidade. Seria o mesmo que cortar sua garganta quando ele estivesse dormindo na cama. Quando se inicia um duelo, supõe-se que pode haver uma igualdade, pois nem sempre é a habilidade que prevalece. Depende muito da presença de espírito; e até do acaso. O vento pode bater no rosto de um deles. Ele pode cair. Muitas dessas coisas podem decidir a superioridade. Já é suficiente punição ser desafiado e se sujeitar ao risco que há num duelo". Mas, quando sugeri que a pessoa ofendida está igualmente sujeita ao risco, ele admitiu sinceramente que não sabia explicar a racionalidade do duelo.

Isso está em James Boswell e Alexandre Napier (org.), *The Life of Samuel Johnson, LL.D. Together with the Journal of a Tour to the Hebrides* (Londres: George Bell & Sons, 1889), vol. V, p. 195.

As estatísticas que cito sobre as penas capitais na Inglaterra foram extraídas de <http://www.capitalpunishmentuk.org/circuits.html> e <http://www.capitalpunishmentuk.org/overviewt.html>.

Recentemente, Robert Shoemaker defendeu outra interpretação do declínio do duelo, como o resultado de "uma série de mudanças culturais interligadas, inclusive uma maior intolerância à violência, novas percepções interiorizadas da honra de elite e a adoção de normas 'polidas' e sentimentais regendo a conduta masculina" — Robert B. Shoemaker, "The Taming of the Duel: Masculinity, Honour and Ritual Violence in London, 1660-1800", *The Historical Journal*, vol. 45, nº 3, setembro de 2002, pp. 525-45. Ele atribui o final do processo a "mudanças nas atitudes judiciais, uma modificação na lei da difamação, uma revisão dos Artigos de Guerra e uma política de negar pensão às viúvas de oficiais mortos em duelos" (p. 545). Talvez se possa analisar um elemento dessa outra explicação considerando o surgimento de um novo ideal cavalheiresco: a honra como civilidade, representada por Newman. As novas normas de "polidez" fornecem outros indicadores da posição social. Assim, o ideal da coragem física, o modelo nietzschiano pré-moderno da nobreza, entra em declínio simplesmente porque qualquer comerciante de armarinhos ficaria satisfeito em tomar parte. A nobreza e seus novos aliados de classe precisam encontrar outra coisa, e a noção de Newman vem bem a calhar. Não que o ideal anterior desapareça totalmente.

2. A LIBERTAÇÃO DOS PÉS CHINESES [pp. 68-112]

Agradeço muito a Hsueh-Yi Lin pela pesquisa de apoio na revisão deste capítulo. Ela cotejou com o original chinês as passagens que eu tinha encontrado traduzidas, e também me forneceu muitas informações úteis sobre esse período na China. Naturalmente, cabe a mim a responsabilidade por todas as afirmações que faço. Baseei-me maciçamente em duas fontes principais: Howard S. Levy, *Chinese Footbinding: The History of a Curious Erotic Custom* (Nova York: Walton Rawls, 1966); e Virginia Chiu-tin Chau, *The Anti-footbinding Movement in China (1850-1912)*, dissertação de mestrado, Universidade Columbia, 1966.

Para as cidades chinesas, uso os nomes que empregamos atualmente. Assim, mesmo que os leitores possam estar acostumados a Pequim e Cantão, por exemplo, refiro-me a elas como Beijing e Guangzhou.

As referências à imperatriz-mãe Cixi baseiam-se em Sterling Seagrove, *Dragon Lady* (Nova York: Vintage, 1992), Jonathan Spence, *The Search for Modern China* (Nova York: W. W. Norton, 1991), e John King Fairbank, *The Great Chinese Revolution: 1800-1985* (Nova York: HarperPerennial, 1987). Existem duas versões muito diferentes do papel de Cixi durante seu período de regência. Para Seagrove, ela foi objeto passivo das manipulações de poderosas figuras da elite masculina, uma mulher iletrada e indecisa que, de vez em quando, tomava atitudes decididas por instigação de uma ou outra figura importante. Seu argumento de que a imagem original da imperatriz como autocrata astuta e cruel, obcecada com seu próprio poder, resulta em larga medida de interpretações distorcidas (e muitas vezes simplesmente inventadas) na virada do século XX, divulgadas por autores chineses e estrangeiros com vários interesses em jogo, é convincente. Não tenho condições de julgar e decidir entre esta e a outra visão mais convencional, que atribui a Cixi vários momentos cruciais da política no período em que foi imperatriz-mãe. Mas, guiando-me por Seagrove, evitei atribuir a ela diversas mortes que alteraram o equilíbrio de poder em seu redor, e que fazem parte da velha lenda da Dama Dragão. No entanto, mesmo na interpretação de Seagrove, há momentos — sobretudo nas crises sucessórias com a morte dos imperadores Xiangfeng e Tongzhi e no final dos Cem Dias — em que ela é a figura central no encaminhamento do desfecho.

Seagrove atribui grande parte da responsabilidade pela fama da Dama Dragão a Kang Youwei, que escreveu e disse muitas coisas extremamente críticas a seu respeito quando foi exilado depois dos Cem Dias. Talvez seja por isso que Seagrove questione as pretensões de Kang a um papel significativo naqueles acontecimentos. Outras fontes que consultei são mais favoráveis a Kang. Ver, por exemplo, Luke S. Kwong, "Chinese Politics at the Crossroads: Reflections on the

Hundred Days Reform of 1898", *Modern Asian Studies*, vol. 34, nº 3, julho de 2000, pp. 663-95; e Wang Juntao, "Confucian Democrats in Chinese History", em Daniel A. Bell e Hahm Chaibong (orgs.), *Confucianism for the Modern World* (Cambridge: Cambridge University Press, 2003), pp. 69-89.

Portanto, a historiografia sobre o período dos Cem Dias e o papel de Kang em particular é controvertida: ver Young-Tsu Wong, "Revisionism Reconsidered: Kang Youwei and the Reform Movement of 1898", *Journal of Asian Studies*, vol. 51, nº 3, agosto de 1992, pp. 513-44. Wong critica a abordagem revisionista do papel de Kang, adotada por Huang Zhangjian em obras publicadas em chinês. A esse respeito, ver *Huang Zhangjian Wuxu bianfa shi yanjiu* [Estudos para a história da reforma de 1898] (Nangang: Zhongyang yanjiu yuan lishi yuyan yanjiu suo, 1970); *Kang Youwei wuxu zhen zouyi* [Os memoriais autênticos de 1898 de Kang Youwei] (Taipei: Zhongyang yanjiu yuan, 1974); "Zaitan wuxu zhengbian" [Rediscutindo o Golpe de 1898], *Dalu zazhi*, vol. 77, nº 5 (1988), pp. 193-9, e "Zhuozhu wuxu bianfa shi yanjiu de zai jiantao" [Reexame de meu estudo sobre a história das reformas de 1898], em *Zhongyang yanjiu yaun dierjie guoji hanxue huiyi lunwenji* [Anais da Segunda Conferência Sinóloga Internacional Promovida pela Academia Sínica] (Taipei: Zhongyang yanjiu yuan, 1989), pp. 729-68. Alguns dos argumentos de Huang estão disponíveis em inglês — ver Luke Kwong, *A Mosaic of the Hundred Days: Personalities, Politics, and Ideas of 1898* (Cambridge: Council on East Asian Studies, Harvard University, 1984). Foi-me de grande proveito a esclarecedora síntese desses dias em Jonathan Spence, *Search for Modern China*, pp. 224-30.

Os detentores do segundo grau, ou *juren* (que era a titulação de Kang quando elaborou a petição de 10 mil palavras em 1895), também são chamados de *gongche*, que significa literalmente "veículo público", pois era o governo imperial que pagava o transporte deles até a capital para que prestassem os exames *jinshi*. Assim, mais tarde, essa petição passou a ser chamada de "petição do veículo público". Pelo menos 603 *juren* assinaram a petição, embora Kang alegasse (provavelmente um típico exagero, creio) que ela teve cerca de 1200 assinaturas. (Fairbank cita um amigo de Kang, comentando a respeito: "Ele se recusa a adequar sua visão aos fatos; pelo contrário, frequentemente os remodela para sustentar suas opiniões". Fairbank, *The Great Chinese Revolution*, p. 131.) Sobre a "petição do veículo público" e a menção de Kang à sua escala, ver Kang, *Kang Nanhai zibian nianpu* [Autobiografia cronológica de Kang Nanhai], em Shen Yunlong (org.), *Jindai Zhongguo shiliao congkan* [Coletâneas de dados históricos da China moderna] (Taipei: Wenhai chubanshe, 1966), vol. 11, p. 30. Ver também um de seus poemas em que comenta o episódio, em Tang Zhijun (org.), *Kang Youwei zhenglun ji* [Coletânea de ensaios políticos de Kang Youwei] (Beijing:

Zhonghua, 1981), vol. 1, p. 138. (Hsueh-Yi Lin, comunicação pessoal, 17 de fevereiro de 2009.)

Embora Kang tenha sido nomeado para o Conselho de Comércio depois de ser aprovado nos exames *jinshi* em 1895, aparentemente não assumiu o cargo, dedicando-se a lecionar e publicar livros e jornais entre 1895 e 1898, sobretudo em Xangai e Guangzhou. Ver Kang Youwei, *Kang Nanhai zibian nianpu*, pp. 32 e 37-42.

A respeito da alegação de que o enfaixamento dos pés ajudava a garantir a fidelidade conjugal, Hsueh-Yi Lin (comunicação pessoal, 17 de fevereiro de 2009) assinalou para mim que "Jonathan Spence tem um bom exemplo disso em seu *The Death of Woman Wang* [A morte da mulher Wang], em que a mulher Wang tentou fugir com o amante, mas não pôde continuar a correr por causa dos pés atados". Na mesma ocasião, ela também me remeteu a Li Yu, *Casual Expression of Idle Feelings*, que descreve como "uma famosa coletânea de ensaios sobre teorias e estudos literários na China do século XVII. Seu tratamento dos pés amarrados das mulheres é provavelmente uma das expressões mais francas do fetiche dos pés atados no final da China imperial. Ver Li Yu, *Xianqing ouji* (Taipei: Chang'an, 1990), pp. 119-21".

É especialmente interessante que alguns manchus pareçam ter adotado o enfaixamento dos pés, visto que um dos elementos centrais de seu domínio era uma série de leis suntuárias determinando que os chineses e os manchus se vestissem de maneira diferente, a fim de manter suas identidades distintas. Ver Jill Condra (org.), *The Greenwood Encyclopedia of Clothing Through World History*, vol. 2: *1501-1800* (Westport: Greenwood Press, 2007), p. 122.

Dá para ter uma ideia da quantidade de pessoas que em meados do século XX acreditavam que a necessidade de proteger a honra nacional tinha contribuído para a guinada chinesa contra o enfaixamento dos pés com a afirmativa do sociólogo japonês Nagao Ryuzo, que trabalhou em Xangai nos quarenta anos anteriores ao fim da Segunda Guerra Mundial, o qual insistiu com Levy, em 1961, "que os chineses abandonaram a prática não por causa da chacota dos estrangeiros, mas porque a perspectiva mental foi alterada pelas invasões da civilização ocidental" (Levy, *Chinese Footbinding*, p. 282). Ele sentia claramente a necessidade de frisar sua posição, mas, conforme argumentei, não há por que considerar essas explicações mutuamente excludentes.

3. O FIM DA ESCRAVIDÃO ATLÂNTICA [pp. 113-45]

Minha interpretação do abolicionismo britânico deve muito a Christopher Leslie Brown, com seu magnífico *Moral Capital: Foundations of British*

Abolitionism (Chapel Hill: University of North Carolina Press, 2006), que é um guia essencial. Gostaria de mencionar um motivo que impulsionou Wilberforce e seus amigos a isso, e que não está diretamente relacionado com a tese que apresento no corpo do texto. Como diz Brown (p. 387), o abolicionismo ofereceu aos evangélicos

> uma oportunidade de conquistar aquelas pessoas que desconfiavam das campanhas contra o vício. O sentimento antiescravista tinha entrado em voga na década de 1780. Passou a ser associado com a polidez, a sensibilidade, o patriotismo e o compromisso com a liberdade britânica. Ao liderar um movimento pela abolição, os evangélicos podiam recorrer a essas associações mais positivas para conferir um perfil benévolo, menos repressor, à sua cruzada mais ampla pela reforma moral.

Evidentemente, não foram os evangélicos que criaram a conexão entre o antiescravismo e o patriotismo, entre o orgulho britânico e a campanha britânica pela liberdade. Essa ligação foi forjada na retórica dos debates sobre a independência americana.

O duque de Wellington foi ridicularizado pelo *Times* em 1833, quando os "amigos do nobre duque" na Câmara dos Lordes se manifestaram (em protesto contra a aprovação da Lei da Emancipação) declarando que a "experiência de todos os tempos e de todas as nações tem demonstrado que os homens com liberdade para trabalhar ou não trabalhar não serão empregados como mão de obra agrícola nas terras baixas dos trópicos", citado em Seymour Drescher, *The Mighty Experiment: Free Labor versus Slavery in British Emancipation* (Nova York: Oxford University Press, 2002), p. 141. Foi o triunfo de uma crença ideológica no trabalho livre, a despeito das indicações em contrário.

Desde E. P. Thompson, *A formação da classe operária inglesa* (trad. Denise Bottmann. São Paulo: Paz & Terra, 1987), discute-se muito se ele estava certo ao afirmar a existência efetiva de um operariado nos anos 1830 na Inglaterra. Craig Calhoun sustentou no início da década de 1980 que os movimentos do começo do século XIX refletiam o predomínio dos artesãos radicais sobre os novos operários, e que os grupos operários eram mais locais do que nacionais, duas objeções que demonstrariam a incongruência da ideia de um operariado inglês unido e dotado de consciência de classe. O radicalismo dos artesãos era essencialmente retrógrado, ao passo que os trabalhadores das indústrias estavam satisfeitos com a reforma. Segundo ele, essas posições são plenamente coerentes: "As comunidades de trabalhadores tradicionais teriam de derrubar as novas relações sociais, ou elas mesmas deixariam de existir, ao passo que a 'nova classe trabalhadora poderia ganhar um amplo leque de melhorias sem alterar fundamentalmente sua existência coletiva'" — Calhoun, *The Question of Class Struggle: Social Foundations of Popular Radicalism During the Industrial Revolution* (Chicago: University of Chicago Press, 1982), p. 140, citado em Gregory Claeys, "The Triumph of Class-Conscious Reformism in British Radicalism, 1790-1860", *The Historical Journal*, vol. 26, nº 4 (dezembro de 1983), pp. 971-2.

Algum tempo depois, Dorothy Thompson e Gareth Steadman Jones, em textos que ficaram famosos, apresentaram duas visões conflitantes do cartismo: Gareth Steadman Jones, "Rethinking Chartism", em *Languages of Class: Studies in Working Class History, 1832-1982* (Cambridge: Cambridge University Press, 1984), pp. 90-178, e Dorothy Thompson, *The Chartists: Popular Politics in the Industrial Revolution* (Nova York: Pantheon, 1984). A despeito dessas discussões historiográficas e depois que a poeira se assentou, Miles Taylor sugeriu que haveria uma mesma história por trás dos debates entre Thompson e Steadman Jones: "O cartismo foi predominantemente um movimento dos trabalhadores pobres e se concentrou nos distritos manufatureiros, mas recebeu um caráter realmente nacional graças à sua imprensa e à sua rede de líderes" — Taylor, "Rethinking the Chartists: Searching for Synthesis in the Historiography of Chartism", *The Historical Journal*, vol. 39, nº 2 (junho de 1996), p. 490.

Hoje em dia, não despertará nenhuma polêmica minha afirmação de que havia uma grande dose de racismo explícito na Inglaterra à época da abolição. Basta ler Carlyle para ser convencido disso. Mesmo assim, cabe dizer que Frederick Douglass, que era plenamente capaz de identificar o menosprezo racial, passou mais de um ano e meio na Inglaterra, nos anos 1840, e declarou que jamais foi tratado com desrespeito. Em março de 1847, discursou para um grande público na London Tavern, em sua "Despedida ao Povo Britânico". Ele disse:

> Percorri todas as partes do país, a Inglaterra, a Escócia, a Irlanda e Gales. Viajei por estradas principais e secundárias, de trem e de barco. [...] Em nenhum desses vários meios de transporte, e em nenhuma classe da sociedade, encontrei qualquer muxoxo de desprezo ou qualquer expressão que eu pudesse desvirtuar e entender como desrespeito a mim por causa da cor de minha pele; nenhum.

(Isso está disponível no Gilder Lehrman Center for the Study of Slavery, Resistance and Abolition, em Yale, <http://www.yale.edu/glc/archive/1086.htm>.)

A estratégia de Douglass, como vimos, foi entrar na luta entre a honra britânica e a honra americana, e assim ele precisava acentuar o contraste entre a Inglaterra e sua terra natal, a fim de utilizar a opinião dos observadores para instilar em seus concidadãos um senso da desgraça nacional que era a escravidão americana. Portanto, não lhe seria conveniente chamar a atenção para o racismo britânico. Mas, em todo caso, é inegável que seus vários discursos eram frequentemente ouvidos por trabalhadores entusiásticos que lhe davam apoio. Costuma-se remontar o surgimento de um racismo generalizado e mais virulento contra os negros ao período posterior à abolição. Ver Douglas A. Lorimer, *Colour, Class, and the Victorians: English Attitudes to the Negro in the Mid-Nineteenth Century* (Nova York: Holmes & Meier, 1978).

Sir John Seeley escreveu sobre o predomínio da Inglaterra no tráfico atlântico de escravos: "Isso significa simplesmente que, neste aspecto, não éramos melhores em nossos princípios do que outras nações e que, tendo finalmente alcançado o lugar mais alto entre as nações mercantis do mundo e arrancado o *Asiento* à Espanha com nossas vitórias militares, acidentalmente obtivemos a maior parcela neste comércio iníquo". Seeley, *The Expansion of England* (Boston: Roberts Brothers, 1883), p. 136. Na introdução à obra, ele fez um comentário que se tornou famoso: "Parece, por assim dizer, que conquistamos e povoamos metade do mundo num acesso de distração" (p. 8). Segundo ele, portanto, o tráfico de escravos, tal como o império, teria sido adquirido de maneira um tanto distraída. Essas passagens e a exposição de Lecky mostram como era crucial para os ingleses da segunda metade do século XIX criar a máxima distância possível entre seu país e os males do tráfico de escravos. Ver William Edward Hartpole Lecky, *History of European Morals from Augustus to Charlemagne*, vol. 1, 3ª ed. revista (Nova York: D. Appleton, 1921).

A sugestão de que a dignidade é um direito ao respeito é bastante corrente, mas minha proposta de que merecemos "dignidade", entendendo-a como direito ao respeito por *reconhecimento*, é apenas isso: uma proposta terminológica. Não afirmo que a distinção entre os direitos ao reconhecimento e ao respeito por avaliação já esteja definida desta exata maneira em nossa linguagem; mas sustento que realmente precisamos manter essa distinção caso queiramos encontrar um lugar para a estima e o direito a ela numa sociedade democrática. E precisamos ainda mais se quisermos resistir, como faço, à famosa alternativa de Peter Berger, que sugere que a "dignidade" substituiu a "honra", sendo esta última um conceito restrito às aristocracias. Ver Peter Berger, "The Obsolescence of Honor", *European Journal of Sociology*, XI (1970), pp. 339-47.

Se as questões aqui são em parte terminológicas, isso não significa que não há uma questão de conteúdo. Reivindico um lugar para o direito competitivo e o direito não competitivo ao respeito — tanto para a estima como para a dignidade. Onde concordamos é que restringir o direito ao respeito a uma classe social é normativamente errado e foi historicamente superado. Mas vale insistir que, mesmo que em geral não reconheçamos em público que *somos* ou que *temos* superiores hoje, sem dúvida trata-se apenas de uma ficção polida. É verdade que apenas os esnobes afetam superioridade por mera questão de classe social. Mas de fato dispomos de muitos critérios para avaliar se as pessoas têm maior ou menor sucesso. Acreditamos que o sucesso e a falha em atender a esses critérios são coisas que devemos levar em conta; e a estima pelos que se saem melhor é uma reação inevitável — e adequada — a tal realização.

David Brion Davis sugeriu recentemente em *Inhuman Bondage* que a campanha abolicionista refletia a necessidade tanto dos trabalhadores qualificados quanto de seus empregadores de "dignificar e mesmo enobrecer o trabalho assalariado, que por muito tempo tinha sido visto com desprezo" — Davis, *Inhuman Bondage: The Rise and Fall of Slavery in the New World* (Nova York: Oxford University Press, 2006), p. 248. A modernização da economia precisava de uma mudança, passando de uma sociedade na qual as classes mais baixas eram coagidas a ser produtoras para uma sociedade na qual fossem livres consumidoras. O açúcar, o café, o algodão, o tabaco, os produtos da escravidão agrícola foram os primeiros bens de consumo modernos. Davis propõe essa abordagem para complementar uma sugestão semelhante, feita pelo historiador David Eltis, a qual, segundo Davis, ele "infelizmente não chegou a desenvolver" (p. 247). Mas eu gostaria que o próprio Davis a tivesse desenvolvido um pouco mais. A meu ver, ele aponta um aspecto fundamental ao comentar que não só os trabalhadores, mas também seus empregadores tinham razões para se preocupar com a dignidade do trabalho.

No contexto da intervenção britânica na Guerra Civil, os votos das classes trabalhadoras tiveram menos importância do que suas atitudes. Como escreveu John Stuart Mill: "O lema de um político radical deveria ser: Governo das classes médias em favor das classes trabalhadoras", em *The Collected Works of John Stuart Mill*, vol. 6: *Essays on England, Ireland, and the Empire*, organizado por John M. Robson (Toronto: University of Toronto Press; Londres: Routledge & Kegan Paul, 1982), "Reorganization of the Reform Party, 1839", <http://oll.libertyfund.org/title/245/21425/736500>. Era o que em larga medida se alcançara no começo dos anos 1860. Foi apenas com a Segunda Lei da Reforma de 1867 que se implantou um amplo direito de voto para as classes trabalhadoras; e somente em 1874 os dois membros da chamada aliança Lib-Lab, entre os partidos liberal e trabalhista, Alexander Macdonald e Thomas Burt, ambos tendo trabalhado como mineiros, tomaram assento no Parlamento como trabalhadores.

4. GUERRAS CONTRA MULHERES [pp. 146-78]

Segundo o *CIA World Factbook*, 42% da população afegã, cerca de 14,1 milhões de pessoas, e 15,42% da população paquistanesa, ou 27,2 milhões de pessoas, são pachtos, e nos dois países faz parte da identidade pachto falar algum dialeto pachto. A população pachto dos dois países, portanto, ultrapassa 41 milhões de pessoas — Afeganistão: <https://www.cia.gov/library/publications/the-world-factbook/geos/countrytemplate_af.html>; Paquistão: <https://www.cia.gov/ library/publications/the-world-factbook/geos/countrytemplate_pk.html>. Na Índia, as pessoas de origem pachto costumam ser chamadas de pathans, e segundo algumas fontes o número de pathans indianos é o dobro de pachtos afegãos. Ver, por exemplo, Shams Ur Rehman Alavi, "Indian Pathans to Broker Peace in Afghanistan", *Hindustan Times*, 11 de dezembro de 2008: <http://www.hindustantimes.com/StoryPage/StoryPage.aspx?sectionName=NLetter&id=3165e517-1e21-47a8-a46a-fc3ef957b4b1>. Mas a maioria dessa população não fala mais o pachto, e no censo indiano de 2001 cerca de apenas 11 milhões de indianos o citaram como língua materna: <http://www.censusindia.gov.in/Census_Data_2001/Census_Data_Online/Language?Statement1.htm>. Assim, existem pelo menos 52 milhões de falantes de pachto no mundo, e mais de 70 milhões que apresentam algum tipo de identidade pachto. (Há também pelo menos várias centenas de milhares de pachtos no Oriente Médio, Europa e América do Norte.)

Para ter uma ideia do alcance semântico de alguns termos para "honra" em pachto, veja esses exemplos de verbetes de um velho dicionário pachto-inglês: "*ghairat*, s. m. 1. Modéstia, acanhamento, coragem, honra. 2. Inveja, inimizade, emulação, marcado senso de honra"; "*nang*, s. m. 1. Honra, reputação, bom nome, estima. 2. Desgraça, infâmia". Há também o composto "*nám-o-nang*, honra, reputação, vergonha, desgraça", em que *nám* significa "nome". Do árabe: "*áb-rú*, s. m. Honra, reputação, fama, renome, bom nome". Tudo isso está em Henry George Raverty, *A Dictionary of the Puk'hto, Pus'hto, or Language of the Afghans: With remarks on the originality of the language, and its affinity to other oriental tongues*, 2ª ed., com acréscimos consideráveis (Londres: Williams & Norgate, 1867), pp. 745, 989, 967 e 4; e, na internet, em <http://dsal.uchicago.edu/dictionaries/raverty>.

O *Relatório sobre o Decreto de Qisas e Diyat* da Comissão Nacional do Estatuto das Mulheres do Paquistão mostra como a interação de várias mudanças na lei não tem sido favorável às mulheres. Em parte, isso resulta das decisões dos juízes ao interpretar a lei. O decreto permite que o juiz dê uma sentença à sua discrição mesmo que os herdeiros concordem em aceitar uma *diyat* [indenização], mas isso parece quase nunca acontecer nos casos de crimes de honra. A impressão geral que temos ao ler o relatório é que alguns integrantes do sistema judiciário partilham a posição dos diversos senadores que não apoiaram a moção condenando o assassinato de Samia Sarwar. (O relatório da Comissão, de 1990, está disponível na Base de Dados da Secretaria Geral das Nações Unidas sobre a

Violência contra Mulheres, em <http://webapps01.un.org/vawdatabase/searchDetail.action?measureId=18083&baseHREF=country&baseHREFId=997>.)

5. LIÇÕES E LEGADOS [pp. 179-208]

A melhor obra recente sobre o funcionamento social da estima é a de Geoffrey Brennan e Philip Pettit, *The Economy of Esteem* (Nova York: Oxford University Press, 2005), que foi de extremo proveito para mim. O livro é sobre a estima, e não sobre o direito à estima, e seu objetivo é examinar a estruturação das instituições que distribuem a estima, de forma que seu foco é diferente do meu — na verdade, ambos se complementam.

Para estudos recentes dos processos psicológicos básicos "recrutados" pelos sistemas culturais da moral, ver Jonathan Haidt e Craig Joseph, "Intuitive Ethics: How innately prepared intuitions generate culturally variable virtues", *Daedalus* (outono de 2004), pp. 55-66, e Jonathan Haidt e Fredrik Björklund, "Social Intuitionists Answer Six Questions About Moral Psychology", em Walter Sinnott--Armstrong (org.), *Moral Psychology*, vol. 2: *The Cognitive Science of Morality: Intuition and Diversity* (Cambridge: MIT Press, 2008), pp. 181-218. Entre as obras que eles examinam para identificar as regularidades transculturais estão Donald Brown, *Human Universals* (Filadélfia: Temple University Press, 1991); Franz de Waal, *Good Natured: The Origins of Right and Wrong in Humans and Other Animals* (Cambridge: Harvard University Press, 1996); S. H. Schwartz e W. Bilsky, "Toward a Theory of the Universal Content and Structure of Values: Extensions and cross-cultural replications", *Journal of Personality and Social Psychology*, 58 (1990), pp. 878-91; e a importante proposta das "três éticas", formulada em Richard Shweder et al., "The 'Big Three' of Morality (Autonomy, Community, and Divinity), and the 'Big Three' Explanations of Suffering", em A. Brandt e Paul Rozin (orgs.), *Morality and Health* (Nova York: Routledge, 1997), pp. 119-69.

Meu relato da experiência de Mukhtaran Bibi se baseia em grande medida em sua autobiografia, publicada com o nome pelo qual agora é conhecida, Mukhtar Mai, com o título *In the Name of Honor: A Memoir* (Nova York: Atria Books, 2006). São memórias na linha de um depoimento, escritas originalmente em francês por Marie-Thérèse Cuny, com os préstimos de dois tradutores de saraiki, a língua de Meerwala. Nicholas Kristof e Sheryl WuDunn fazem uma apresentação engajada e envolvente de Mukhtar Mai em *Half the Sky: Turning Oppression into Opportunity for Women Worldwide* (Nova York: Random House, 2009). Os relatos de 22 de junho de 2002, disponíveis em várias fontes em jornais e na internet, apresentam diferenças de detalhe. Mas não há nenhuma divergência séria em relação aos fatos essenciais.

Notas

PREFÁCIO [pp. 11-20]

1. René Descartes, "Comments on a Certain Broadsheet", 1648, em *The Philosophical Writings of Descartes*, vol. 1, trad. John Cottingham, Robert Stoothoff e Dugald Murdoch (Cambridge: Cambridge University Press, 1987), p. 307.

1. MORRE O DUELO [pp. 21-67]

1. Christopher Hibbert, *Wellington: a personal history* (Reading: Perseus/HarperCollins, 1999), p. 275.

2. Wellington, *Despatches, correspondence, and memoranda*, V, p. 542.

3. Joseph Hendershot Park (org.), *British Prime Ministers of the Nineteenth Century: Policies and Speeches* (Manchester: Ayer Publishing, 1970), p. 62.

4. Wellington, *Despatches*, V, p. 527.

5. Greville, *Memoirs*, p. 250.

6. Uma cópia dos arquivos do King's College de Londres pode ser encontrada em <http://www.kcl.ac.uk/depsta/iss/archives/wellington/duel08a.htm>.

7. Sir William Blackstone, *Commentaries on the Laws of England* (Oxford: Clarendon Press, 1765-1969), livro IV, cap. 14: "Of Homicide"; <http://avalon.law.yale.edu/18th_century/blackstone_bk4ch14.asp>.

8. Sir Algernon West, *Recollections: 1832-1886* (Nova York e Londres: Harper & Bros., 1900), p. 27.

9. Sir Thomas Malory, *Le Morte D'Arthur the original edition of William Caxton now reprinted and edited with an introduction and glossary by H. Oskar Sommer: with an essay on Malory's prose style by Andrew Lang* (Ann Arbor: University of Michigan Humanities Text Initiative, 1997), p. 291; <http://name.umdl.umich.edu/MaloryWks2>.

10. Stewart, *Honor*, pp. 44-7.

11. Hugh Lloyd-Jones, "Honor and Shame in Ancient Greek Culture", em *Greek Comedy, Hellenistic Literature, Greek Religions, and Miscellanea: The Academic Papers of Sir Hugh Lloyd-Jones* (Oxford, Clarendon Press, 1990), p. 279.

12. Sobre os axântis no século XIX, ver John Iliffe, *Honor in African History* (Cambridge: Cambridge University Press, 2004), pp. 83-91.

13. Homero, *Ilíada*, trad. Frederico Lourenço (Lisboa: Cotovia, 2005), p. 417.

14. Kiernan, *The Duel in European History*, p. 216.

15. Id., ibid., p. 102.

16. Id., ibid., p. 190.

17. Hamilton, *The Duelling Handbook*, p. 138. Citado com leves diferenças em Robert Baldick, *The Duel: A History of Duelling* (Londres: Hamlyn, 1970), pp. 33-4. Citado em Douglass H. Yarn, "The Attorney as Duelist's Friend: Lessons from The Code Duello", 51, *Case W. Res. L. Rev.*, 69, 2000, pp. 75-6, n. 71.

18. Wellington, *Despatches*, v, p. 539.

19. Tresham Lever, *The Letters of Lady Palmerston: Selected and Edited from the Originals at Broadlands and Elsewhere* (Londres: John Murray, 1957), p. 118.

20. Frances Shelley; R. Edgecumbe (org.), *The Diary of Frances Lady Shelley* (Londres: John Murray, 1913), p. 74.

21. Hamilton, *The Duelling Handbook*, p. 140.

22. Wellington, *Despatches*, v, p. 539.

23. Id., ibid., v, p. 544.

24. Lord Broughton (John Cam Hobhouse), *Recollections of a Long Life with Additional Extracts from His Private Diaries*, ed. Lady Dorchester, v. 3: 1822--1829 (Nova York: Charles Scribner's Sons, 1910), pp. 312-3.

25. V. Cathrein, "Duel", em *The Catholic Encyclopedia*, vol. 5 (Nova York: Robert Appleton Company, 1909); <http://www.newadvent.org/cathen/05184b.htm>.

26. Concílio de Trento, 25ª sessão, 3 e 4 de dezembro de 1563, "On Reformation", cap. 19; <http://www.intratext.com/IXT/ENG0432/_P2J.HTM>.

27. Francis Bacon; James Spedding (org.), *The Letters and the Life of Francis Bacon*, vol. 4 (Londres: Longmans, Green, Reader & Dyer, 1868), p. 400.

28. Edward Herbert; Will H. Dircks (org.), *The Autobiography of Edward, Lord Herbert of Cherbury* (Londres: Walter Scott, 1888), p. 22.

29. Amelot de Houssaye, citado em Charles Mackay, *Memoirs of Extraordinary Popular Delusions and the Madness of Crowds* (Ware, Herts: Wordsworth Editions, 1995), p. 668.

30. Bacon, *Letters and Life*, p. 400. Esses "panfletos" são os códigos de duelos.

31. É como John Chamberlain descreve a situação na carta de 1613, na qual relaciona as disputas mencionadas. Spedding (org.) cita a passagem em Bacon, op. cit., p. 396.

32. Bacon, op. cit., pp. 409 e 399, respectivamente.

33. William Hazlitt; P. P. Howe (org.), *The Complete Works of William Hazlitt* (Londres e Toronto: J. M. Dent & Sons, 1934), vol. 19, p. 368.

34. Jeremy Bentham, *An Introduction to the Principles of Morals and Legislation*, 1823 (Oxford: Clarendon Press, 1907), cap. 13, par. 2; <http://www.econlib.org/library/Bentham/bnthPML13.html#Chapter%20XIII,%20Cases%20Unmeet%20for%Punishment>.

35. William Robertson, *The History of the Reign of the Emperor Charles V* (Nova York: Harper & Bros., 1836), p. 225.

36. David Hume, *Essays, Moral, Political, and Literary*. Library of Economics and Liberty, em <http://www.econlib.org/library/LFBooks/Hume/hmMPL50.html>.

37. Francis Hutcheson; Luigi Turco (org.), *Philosophiae moralis institutio compendiaria with A Short Introduction to Moral Philosophy* (Indianápolis: Liberty Fund, 2007). Cap. xv: "Of Rights Arising from Damage Done, and the Rights of War"; <http://oll.libertyfund.org/title/2059>.

38. Hamilton, *The Duelling Handbook*, p. 125.

39. Adam Smith; R. L. Meek, D. D. Raphael e P. G. Stein (orgs.), *Lectures on Jurisprudence*, vol. 5 da edição de Glasgow de *Works and Correspondence of Adam Smith* (Indianápolis: Liberty Fund, 1982). "Friday, January 21st, 1763"; <http://oll.libertyfund.org/title/196>.

40. William Godwin, *An Enquiry Concerning Political Justice, and its Influence on General Virtue and Happiness*, vol. 1 (Londres: G. G. J. & J. Robinson, 1793). Apêndice, nº II: "Of Duelling"; <http://oll.libertyfund.org/title/90/40264>.

41. Boswell; Napier (org.), *The Life of Samuel Johnson, LL.D. Together with the Journal of a Tour to the Hebrides*, v. V, p. 195.

42. Voltaire, *Dictionnaire Philosophique, Oeuvres Complètes de Voltaire* (Paris: De l'Imprimerie de la Société Littéraire-Typographique, 1784), vol. 36, p. 400.

43. David Hume, *The History of England from the Invasion of Julius Caesar to the Revolution in 1688* (1778), 6 v. (Indianápolis: Liberty Fund, 1983), vol. 3, p. 169.

44. Boswell, op. cit., II, p. 343.

45. Conforme apresentado pelo King's College de Londres em <http://www.klc.ac.uk/depsta/iss/archives/wellington/duel12.htm>.

46. Essa charge está disponível, com outra mais conhecida feita por William Heath, no site do King's College London: <http://www.kcl.ac.uk/depsta/iss/archives/wellington/duel16.htm>.)

47. Sou muito grato a Philip Pettit por ter sugerido isso.

48. Greville, *Memoirs*, p. 196.

49. Id., ibid., p. 198.

50. Id., ibid., p. 199.

51. Hibbert, *Wellington: A Personal History*, p. 275. A *Literary Gazette* é citada por Hamilton (op. cit., p. XIV).

52. Disponível em <http://www.kcl.ac.uk/depsta/iss/archives/wellington/duel12.htm>.

53. Wellington, *Despatches*, V, p. 585.

54. Bacon, op. cit., p. 400.

55. Richard Cobden; John Bright e James E. Thorold Rogers (orgs.), *Speeches on Questions of Public Policy by Richard Cobden M. P.* (Londres: Macmillan & Co., 1878), p. 565.

56. Mill; John M. Robson (org.), *Collected Works of John Stuart Mill*, v. 18, *Essays on Politics and Society Part I* (Toronto: University of Toronto Press; Londres, Routledge & Kegan Paul, 1977). "De Tocqueville on Democracy in America", II, 1840; <http://oll.libertyfund.org/title/233/16544/799649>.

57. Lorde Broughton, op. cit., p. 312.

58. John Henry Cardinal Newman, *The Idea of a University* (Londres: Longmans, Green & Co., 1919), p. 208.

59. James Kelly, *That Damn'd Thing Called Honour: Duelling in Ireland 1570-1860* (Cork: Cork University Press, 1995), p. 267.

60. James Landale, *The Last Duel: A True Story of Death and Honour* (Edimburgo: Canongate, 2005).

61. Kiernan, *The Duel in European History*, p. 218, diz que este "foi considerado o último duelo na Inglaterra". Ele tira certa plausibilidade de seu argumento antecipando o episódio em três anos, em 1849.

62. Sir Algernon West, *Recollections*, p. 28, citando Horácio, *Satires*, livro 2, 1. O verso 86 é "Solventur risu tabulae, tu missus abibis" (corrigi o "solvuntur" de sir Algernon, embora seja frequente a citação com a grafia errada) — "As denúncias serão retiradas com risos; solto, sairás". Horácio comenta que uma ação por difamação — as *tabulae* são os elementos apresentados ao juiz — será anulada

com risos se os versos escandalosos que deram origem à queixa forem suficientemente engraçados.

63. Sir William Gregory; lady Gregory (org.), *An Autobiography* (Londres: John Murray, 1894), pp. 149-51.

64. Evelyn Waugh, *The Sword of Honour Trilogy* (Nova York: Knopf, 1994), p. 449.

2. A LIBERTAÇÃO DOS PÉS CHINESES [pp. 68-112]

1. Citado em Howard S. Levy, *Chinese Footbinding: The History of a Curious Erotic Custom* (Nova York: Walton Rawls, 1966), p. 72.

2. Robert Hart; John King Fairbank, Katherine Frost Brunner e Elizabeth MacLeod Matheson (orgs.), *The I.G. in Peking: Letters of Robert Hart, Chinese Maritime Customs 1868-1907* (Cambridge, MA: Harvard University Press, 1976), vol. 2, p. 1311.

3. Keith Laidler, *The Last Empress: The She-Dragon of China* (Chichester: John Wiley & Sons, 2003), p. 32.

4. Timothy Richard, *Forty-five Years in China* (Nova York: Frederick A. Stokes Company, 1916), p. 253 e ss.

5. John King Fairbank e Merle Goldman, *China: A New History* (Cambridge: Harvard University Press, 2006), p. 229.

6. Richard, op. cit., p. 262.

7. Weng Tonghe, preceptor dos imperadores Tongzhi (1861-75) e Guangxu. A amizade de Kang e Weng Tonghe começou em 1895. Ver Kang, *Kang Nanhai zibian nianpu*, pp. 33-7 (Hsueh-Yi Lin, comunicação pessoal, 17 de fevereiro de 2009).

8. Yong Z. Volz, "Going Public Through Writing: Women Journalists and Gendered Journalistic Space in China, 1890s-1920s", *Media Culture Society*, vol. 29, nº 3, 2007, pp. 469-89.

9. Levy, op. cit., p. 72.

10. Id., ibid. Aqui corrigi e ampliei a tradução de Levy com base na tradução do original feita por Hsueh-Yi Lin. Kang Youwei, "Qing jin funü guozu zhe" [Memorial pedindo a proscrição do enfaixamento dos pés das mulheres], em Tang Zhijun (org.), *Kang Youwei zhenglun ji* (Beijing: Zhonghua, 1981), p. 335. Ela esclareceu que a última frase é "um recurso retórico comum num memorial". (Hsueh-Yi Lin, comunicação pessoal, 17 de fevereiro de 2009).

11. Brennan e Pettit, *The Economy of Esteem*, p. 19.

12. Levy, op. cit., p. 39.

13. Id., ibid.

14. Archibald Little, *The Land of the Blue Gown* (Londres: T. Fisher & Unwin, 1902), p. 363.

15. Gerry Mackie, "Ending Footbinding and Infibulation: A Convention Account", *American Sociological Review*, vol. 61, nº 6 (dezembro de 1996), p. 1008.

16. Lanling Xiaoxiao Sheng, *The Golden Lotus*, trad. Clement Egerton, vol. 1, p. 101 (minha edição traz os detalhes da edição em chinês). Levy (op. cit., p. 51) manifesta algumas dúvidas sobre a confiabilidade da tradução de Egerton.

17. Levy, op. cit., p. 55.

18. Id., ibid., p. 60.

19. Chau, dissertação de mestrado, pp. 13-6.

20. Levy, op. cit., pp. 283-4.

21. Id., ibid., p. 107.

22. Id., ibid., pp. 65, 248 e 118.

23. Endymion Wilkinson, *Chinese History: A Manual*, ed. rev. (Cambridge: Harvard University Press, 2000), pp. 273-7. O reinado do imperador terminou oficialmente em 1795, depois de sessenta anos no trono, aparentemente porque a piedade exigia que não governasse por mais tempo do que o predecessor; mas ele continuou como regente até sua morte em 1799.

24. Patricia Buckley Ebrey, *Cambridge Illustrated History of China* (Cambridge: Cambridge University Press, 1996), p. 199.

25. Kwang-Ching Liu, prefácio, em op. cit., p. 6.

26. Id., ibid., p. 229.

27. Harley Farnsworth MacNair, *Modern Chinese History: Selected Readings* (Xangai: Commercial Press Ltd., 1923), pp. 2 e 4.

28. Arthur Waley, *The Opium War Through Chinese Eyes* (Stanford: Stanford University Press, 1958), p. 103.

29. Fairbank e Goldman, op. cit., p. 222.

30. Arthur P. Wolf e Chuang Ying-Chang, "Fertility and Women's Labour: Two Negative (But Instructive) Findings", *Population Studies*, vol. 48, nº 3 (novembro de 1994), pp. 427-33.

31. Hsueh-Yi Lin, comunicação pessoal, 10 de junho de 2009.

32. Fairbank e Goldman, op. cit., p. 218.

33. Chau, op. cit., pp. 19 e 20.

34. Id., ibid., p. 22.

35. Id., ibid., p. 23. Li Ju-Chen (Li Ruzhen); Lin Tai-Yi (org.), *Flowers in the Mirror* (Berkeley e Los Angeles: University of California Press, 1965), p. 113.

36. Archibald Little, *Intimate China*, citado em Chau, op. cit., p. 41.

37. Dorothy Ko, *Cinderella's Sisters: A Revisionist History of Footbinding* (Berkeley: University of California Press, 2005), p. 15.

38. Chau, op. cit., pp. 45 e 57.

39. Ko, op. cit., p. 16.

40. Fan Hong, *Footbinding, Feminism and Freedom: The Liberation of Women's Bodies in Modern China* (Londres: Cass, 1997).

41. Patrick Hanan, "The Missionary Novels of Nineteenth-Century China", *Harvard Journal of Asiatic Studies*, vol. 60, nº 2 (dezembro de 2000), p. 440. Chau, op. cit., p. 28.

42. Richard, *Forty-five Years in China*, p. 158.

43. *Ecumenical Mission Conference New York, 1900* (Nova York: American Tract Society; Londres: Religious Tract Society, 1900), vol. 1, p. 552.

44. Fairbank e Goldman, op. cit., p. 222.

45. Chau, op. cit., p. 51.

46. Levy, op. cit., p. 74.

47. Angela Zito, "Secularizing the Pain of Footbinding in China: Missionary and Medical Stagings of the Universal Body", *Journal of the American Academy of Religion*, vol. 75, nº 1 (março de 2007), pp. 4-5.

48. Ver "Mrs. Archibald Little, About the Author", <http://www.readaroundasia.co.uk/miclittle.html>.

49. Fan Hong, op. cit., p. 57.

50. Little, *The Land of the Blue Gown*, pp. 306-9.

51. Richard, *Forty-five Years in China*, pp. 227-8.

52. Yen-P'ing Hao e Erh-Min Wang, "Changing Chinese Views of Western Relations, 1840-95", em Denis Crispin Twitchett; John King Fairbank (orgs.), *Cambridge History of Modern China*, vol. 2: *The Late Ch'ing 1800-1911*, parte II (Cambridge: Cambridge University Press, 1978), p. 201.

53. Richard, op. cit., pp. 265-7.

54. Fairbank e Goldman, op. cit., p. 231.

55. Ver a discussão desse período em Seagrove, *Dragon Lady*, e Hens van de Ven, "Robert Hart and Gustav Detring During the Boxer Rebellion", *Modern Asian Studies*, vol. 40, nº 3, 2006, pp. 631-62.

56. Chau, op. cit., p. 121, citando a tradução contemporânea no *North Chinese Herald*.

57. Levy, op. cit., pp. 278-9.

58. Fan Hong, op. cit., cap. 3-4.

59. Chau, op. cit., p. 104.

60. Id., ibid., p. 98.

61. Levy, op. cit., pp. 128, 181 e 94.

62. J. M. Coetzee, "On National Shame", *Diary of a Bad Year* (Nova York: Viking, 2007), pp. 39 e 45. [*Diário de um ano ruim*, trad. José Rubens Siqueira.

São Paulo: Companhia das Letras, 2008.] O romance reproduz ensaios escritos pelo protagonista.

63. Essa é uma das ideias centrais de Benedict Anderson, *Comunidades imaginadas: reflexões sobre a origem e a difusão do nacionalismo*, trad. Denise Bottmann (São Paulo: Companhia das Letras, 2008).

64. Ernest Renan, *Qu'est-ce qu'une nation?*, 2ª ed. (Paris: Calmann-Lévy, 1882), p. 26.

65. Mackie, op. cit., p. 1001.

66. Levy, op. cit., p. 171.

3. O FIM DA ESCRAVIDÃO ATLÂNTICA [pp. 113-45]

1. Lecky, *History of European Morals*, vol. 1, cap. 1: "The Natural History of Morals"; <http://oll.libertyfund.org/title/1839/104744/2224856>.

2. Eric Williams, *Capitalism and Slavery* (Chapel Hill: University of North Carolina Press, 1994), pp. 142 e 210-1 [*Capitalismo e escravidão*, trad. Carlos Nayfeld. Rio de Janeiro: Companhia Editora Americana, 1975].

3. Id., ibid., p. 211.

4. Drescher, *Capitalism and Antislavery*, p. 5.

5. Id., ibid., p. 7.

6. Id., ibid., p. 11, citando obra de Wrigley e Schofield.

7. Benjamin Disraeli, *Lord George Bentinck: A Political Biography* (Londres: G. Routledge & Co., 1858), p. 234.

8. O trecho continua: "Era também uma característica romana — especialmente de Marco Aurélio", e termina com a frase que citei anteriormente.

9. *Encyclopédie, ou Dictionnaire raisonné des sciences, des arts et des métiers, par une société de gens de lettres. Mis en ordre & publié par M. Diderot... & quant à la partie mathématique, par M. d'Alembert*, 28 vols. (Genebra, Paris e Neufchatel, 1772; 1754-72). Citado em *The Making of the Modern World* (Farmington Hills: Thomson Gale, 2007), vol. 16, p. 532.

10. Quem enuncia a última frase é a "consciência". Erasmus Darwin, "The Loves of the Plants", 1789, em *The Botanic Garden* (Londres: Jones & Company, 1825), p. 173.

11. Erasmus Darwin, *Zoonomia; or, The Laws of Organic Life* (Filadélfia: Edward Earle, 1818), vol. 2, p. 325.

12. Como zombou Thomas Carlyle em *Past and Present*, "o metodismo sempre olhando o próprio umbigo: perguntando-se com torturante ansiedade de Esperança e Medo, 'Estou certo? Estou errado? Serei salvo? Não serei condena-

do?' — o que é isso, no fundo, senão uma nova fase de Egoísmo, estendido ao Infinito; e nessa sua infinitude nem por isso mais sagrado?". Carlyle, *Past and Present*, 1843 (Londres: Chapman & Hall, 1872), p. 101.

13. David Turley, *The Culture of English Antislavery, 1780-1860* (Londres: Routledge, 1991), p. 9.

14. Brown, *Human Universals*, p. 391.

15. Id., ibid., p. 429.

16. Talvez seja importante lembrar que também havia muitos quacres no comando da Sociedade.

17. Drescher, op. cit., pp. 28-9.

18. David Brion Davis, *The Problem of Slavery in the Age of Revolution: 1770-1823* (Ithaca: Cornell University Press, 1975), p. 435.

19. Brown, op. cit., p. 437.

20. Laurence Sterne, *A Sentimental Journal*, 1768 (Londres: Penguin Books, 2001), p. 69-70.

21. William Cowper, "The Negro's Complaint", *The Gentleman's Magazine* (dezembro de 1793), II, 55-6, em H. S. Milford (org.), *The Complete Poetical Works of William Cowper* (Londres: Henry Frowde, 1905), pp. 371-2.

22. Citado em Brown, op. cit., p. 166.

23. Id., ibid., pp. 71 e 141-2.

24. Id., ibid., p. 371.

25. Id., ibid., p. 134.

26. Id., ibid., p. 170.

27. Frederick Douglass, *The Life and Writings of Frederick Douglass* (Nova York: International Publishers, 1950), vol. 1, p. 147.

28. As repressões do final do século XVIII também eliminaram muitas organizações radicais que apoiavam a abolição — ver Thompson, *A formação da classe operária inglesa*, trad. Denise Bottmam (São Paulo: Paz e Terra, 1987).

29. William Wilberforce, *An Appeal to the Religion, Justice, and Humanity of the Inhabitants of the British Empire in Behalf of the Negro Slaves in the West Indies* (Londres: J. Hatchard & Son, 1823), p. 1.

30. William Wilberforce, *A Practical View of the Prevailing Religious System of Professed Christians, in the Higher and Middle Classes in This Country Contrasted with Real Christianity* (Nova York: American Tract Society, 1830), pp. 241 e 249-50 (originalmente publicado na Inglaterra em 1797).

31. Id., ibid., p. 105.

32. Williams, op. cit., p. 181.

33. *Letters on the Necessity of a Prompt Extinction of British Colonial Slavery;*

Chiefly Addressed to the More Influential Classes (Leicester: Thomas Combe & Son, 1826), p. 104.

34. Id., ibid., pp. 149, 163, 165, 184 e 159.

35. Disraeli, *Lord George Bentinck*, p. 234.

36. "London Workingmen's Association: Further Papers", em D. J. Rowe (org.), *London Radicalism 1830-1843: A selection of the Papers of Francis Place* (Londres: London Record Society, 1970), pp. 160-77; <http://www.british-history.ac.uk/source.aspx?pubid=230>.

37. Betty Fladeland, *Abolitionists and Working-Class Problems in the Age of Industrialization* (Londres: Macmillan, 1984).

38. Thompson, op. cit., p. 807.

39. Ver Orlando Patterson, *Slavery and Social Death* (Cambridge: Harvard University Press, 1985).

40. William Cobbett, *Rural Rides*, 1830 (Londres: J. M. Dent & Sons, 1912), pp. 306-7.

41. Catherine Gallagher, *The Industrial Reformation of English Fiction* (Chicago: University of Chicago Press, 1988), p. 10. Ela cita a segunda passagem a partir de Cobbett, *Weekly Political Register*, 7 (1805), p. 372.

42. Id., ibid., citado a partir de Cobbett, *Weekly Political Register*, 7 (1806), p. 845.

43. Id., ibid., p. 9, citado a partir de Cobbett, *Weekly Political Register*, 27 de agosto de 1823.

44. *Universal Declaration of Human Rights*, <http://www.un.org/en/documents/udhr/>.

45. Samuel Johnson; John Walker e R. S. Jameson (orgs.), *A Dictionary of the English Language*, 2ª ed. (Londres: William Pickering Chancery Lane; Georgie Cowie & Co. Poultry Lane, 1828), p. 204. O mesmo dicionário define "dignificar" como "promover; elevar; exaltar; honrar; adornar; dar lustro a", lembrando a íntima associação entre honra e dignidade.

46. Edmund Burke, *Reflections on the Revolution in France* (1790) (Nova York: Oxford University Press, 1999), p. 49. [*Reflexões sobre a Revolução em França*, trad. Renato de Assumpção Faria, Denis Fontes de Souza Pinto e Carmen Lídia Richter Ribeiro Moura. Brasília: Editora Universidade de Brasília, 1969.]

47. Thomas Hobbes, *Hobbes's Leviathan reprinted from the edition of 1651 with an Essay by the Late W. G. Pogson Smith* (Oxford: Claendon Press, 1909). Cap. XVII: "Of the Causes, Generation, and Definition of a Common-Wealth", <http://oll.libertyfund.org/title/869/208775/3397532>. [*Leviatã*, trad. João Paulo Monteiro e Maria Beatriz Nizza da Silva. São Paulo: Martins Fontes, 2003.]

48. Para muitos seguidores das religiões de Abraão, evidentemente, um dos fundamentos de nossa dignidade é que todos fomos criados "à imagem de Deus".

49. Seymour Drescher, "Public Opinion and the Destruction of British Colonial Slavery", em James Walvin (org.), *Slavery and British Society 1776-1848* (Baton Rouge: Louisiana State University Press, 1982), p. 29.

50. James Walvin, "The Propaganda of Anti-Slavery", em Walvin (org.), op. cit., pp. 52-4.

51. Id., ibid., p. 53. Para as estatísticas, ver pp. 54-5.

52. Citado em Alan Nevins, *The War for the Union*, vol. 2: *War Becomes Revolution: 1862-1863* (Nova York: Charles Scribner's Sons, 1960), p. 244.

53. Id., ibid., p. 250.

54. "Em maio de 1847, dr. Bowring presidiu a primeira assembleia anual da liga endividada e moribunda. Foi também a última", em Douglas C. Stange, *British Unitarians Against American Slavery, 1833-65* (Rutherford: Fairleigh Dickinson University Press, 1984), p. 88.

55. Para o comentário de sir Henry Molesworth, ver o artigo sobre Vincent em Sidney Lee (org.), *Dictionary of National Biography* (Londres: Smith, Elder, & Co., 1909), vol. 20, p. 358. O comentário sobre as oportunidades perdidas foi extraído de William McFeely, *Frederick Douglass* (Nova York: W. W. Norton, 1995), pp. 138-9.

4. GUERRAS CONTRA MULHERES [pp. 146-78]

1. Citado em Richard Galpin, "Woman's 'Honour' Killing Draws Protests in Pakistan", *The Guardian*, Londres, 8 de abril de 1999; <http://www.guardian.co.uk/world/1999/apr/08/14>.

2. *Sedotta e abbandonata*, de 1964, direção de Pietro Germi; história e roteiro de Luciano Vincenzoni.

3. John Webber Cook, *Morality and Cultural Differences* (Nova York: Oxford University Press, 1999), p. 35.

4. Melodia foi assassinado em 1978 numa execução ao estilo da máfia, dois anos depois que saiu da prisão.

5. "Il consiglio che voglio dare è di stare sempre attenti, ma di prendere ogni decisione seguendo sempre il proprio cuore" [O conselho que quero dar é estarem sempre atentos, mas fazer cada escolha seguindo sempre o próprio coração]. Entrevista com Riccardo Vescovo, publicada em 17 de janeiro de 2006 em *Testata giornalistica dell'Università degli Studi di Palermo*; <http://www.ateneonline-aol.it/060117ric.php>.

6. "State of the World Population", Fundo de População da ONU (UNFPA), 2000; <http://www.unfpa.org/swp/2000/english/ch03.html>.

7. Salman Masood, "Pakistan Tries to Curb 'Honor Killings'", *New York Times*, 27 de outubro de 2004: <http://www.nytimes.com/2004/10/27/international/asia/27stan.html>. Islam Online, 11 de janeiro de 2007: <http://www.islanonline.net/servlet/Satellite?c=Article_C&cid=1168265536796&pagename=Zone-English-News/NWELayout>.

8. Ver <http://www.scci.org.pk/formerpre.htm>.

9. Suzanne Goldberg, "A Question of Honour", *The Guardian*, 27 de maio de 1999; <http://www.guardian.co.uk/world/1999/may/27/gender.uk1>.

10. Amir H. Jafri, *Honour Killing: Dilemma, Ritual, Understanding* (Oxford: Oxford University Press, 2008), p. 67. *Ghairat* quer dizer "honra" tanto em urdu quanto em pachto.

11. *Pakistan: Honour Killings of Girls and Women*, Anistia Internacional, setembro de 1999 (AI Index: ASA 33/18/99). Kalpana Sharma, "Killing for Honour", *The Hindu*, Chennai, Índia, 25 de abril de 1999, recuperado em Westlaw, 6 de junho de 2009, ref: 1999 WLNR 4528908.

12. *Pakistan: Honour Killing of Girls and Women*, pp. 5-6.

13. Galpin, "Woman's 'Honour' Killing Draws Protest in Pakistan".

14. Jafri, op. cit., p. 125.

15. Zaffer Abbas, "Pakistan Fails to Condemn 'Honour' Killings", BBC Online, 3 de agosto de 1999; <http://news.bbc.co.uk/2/hi/south_asia/410422.stm>.

16. Irfan Husain, "Those Without Voices", *Dawn Online Edition*, Karachi, Paquistão, 6 de setembro de 2008; <http://www.dawn.com/weekly/mazdak/20080609.htm>.

17. Rabia Ali, *The Dark Side of "Honour": Women Victims in Pakistan* (Shirkat Gah Women's Resource Centre, Lahore, 2001), p. 30.

18. "MoC consulting stakeholders on new ATTA", *The Business Recorder*, 19 de novembro de 2009; <http://brecorder.com/index.php?id=988220>.

19. Ver a discussão da estrutura social dos pachtos em Ali Wardak, "Jirga — Power and Traditional Conflict Resolution in Afghanistan", em John Strawson (org.), *Law After Ground Zero* (Londres: Glasshouse Press, 2002), pp. 191-2 e 196. Sobre o Pashtunwali, ele cita N. Newell e R. Newell, *The Struggle for Afghanistan* (Londres: Cornell University Press, 1981), p. 23.

20. Jafri, op. cit., p. 76.

21. Id., ibid., p. 7.

22. Id., ibid., pp. 66 e 123.

23. Ver <http://www.paklinks.com/gs/culture-literature-linguistics-148820-ghairat.html>.

24. Jason Bourke, "Teenage Rape Victim Executed for Bringing 'Shame' to Her Tribesmen", *The Guardian*, 18 de abril de 1999; <http://www.guardian.co.uk/Archive/Article/0,4273,3855659,00.html>.

25. Ver <http://www.pakistani.org/pakistan/constitution/preamble.html>.

26. NCSW *Report on the Qisas and Diyat Ordinance*, p. 68. Não encontrei outras referências a essa declaração.

27. *Shamoon alias* v. *The State*, 1995, SCMR 1377, citado em NCSW *Report on the Qisas and Diyat Ordinance*, p. 35.

28. Também no caso da escravidão, a emancipação legal é apenas o começo. Ver Kwame Anthony Appiah, "What's Wrong with Slavery?", em Martin Bunzl e K. Anthony Appiah (orgs.), *Buying Freedom* (Princeton: Princeton University Press, 2007), pp. 249-58.

29. Naeem Shakir, "Women and religious minorities under the Hudood Laws in Pakistan", postado em 2 de julho de 2004 em <http://www.article2.org/mainfile.php/0303/144/>.

30. David Montero, "Rape Law Reform Roils Pakistan's Islamists", *Christian Science Monitor*, 17 de novembro de 2006; <http://www.csmonitor.com/2006/1117/p07s02-wosc.html>.

31. Para exemplos, ver Jafri, op. cit., pp. 115-6.

32. *State of Human Rights in 2008* (Lahore: Human Rights Commission of Pakistan, 2009), p. 134.

33. Beena Sarwar, "No 'Honour' in Killing", *News International*, 3 de setembro de 2008; <http://www.thenews.com.pk/daily_detail.asp?id=133499>. (Beena Sarwar, até onde sei, não tem parentesco com Samia Sarwar.)

34. Naturalmente, sei que, quando lhe apresentaram uma mulher "apanhada em adultério", Cristo disse: "Atire a primeira pedra aquele que, entre vós, nunca tiver pecado" (João 8, 7). Mas nem aqui nem em qualquer outro lugar Cristo repudia explicitamente as leis de Moisés, assim como o profeta Maomé, ao colocar as provas exigidas para a acusação de adultério, não rejeita a visão árabe tradicional de que o apedrejamento é a penalidade adequada.

35. Ver *Pakistan: Honour Killings of Girls and Women*, p. 8.

36. Ver Jafri, op. cit., pp. 115-7.

37. Id., ibid., pp. 92-3.

38. Existe no Paquistão uma rede de refúgios femininos públicos chamada *Dar ul-Amans*. O primeiro deles foi criado em Lahore muitos anos atrás, mas eles são amplamente conhecidos como locais pouco amistosos. Ver Meera Jamal, "Hapless Women Call Darul Aman 'No Less Than Prison'", *Dawn Internet Edition*, 13 de agosto de 2007; <http://www.dawn.com/2007/08/13/local1.htm>.

39. Galpin, "Woman's 'Honour' Killing Draws Protest in Pakistan".

40. Philip D. Curtin, *The Atlantic Slave Trade: A Census* (Madison: University of Wisconsin Press, 1969), p. 136.

5. LIÇÕES E LEGADOS [pp. 179-208]

1. Alexis de Tocqueville, *De la démocratie en Amérique*, 5ª ed. (Paris: Pagnerre, 1848), vol. 4, pp. 152-3. [*A democracia na América*, trad. Neil Ribeiro da Silva. São Paulo: Edusp; Belo Horizonte: Itatiaia, 1987.]

2. Immanuel Kant, *Groundwork of the Metaphysics of Morals*, Mary Gregor (org.), Cambridge Texts in the History of Philosophy (Cambridge: Cambridge University Press, 1997), p. 7. [*Fundamentação da metafísica dos costumes*, trad. Guido Antônio de Almeida. São Paulo: Barcarolla e Discurso Editorial, 2010.]

3. Id., ibid., p. 11.

4. Trato de algumas dessas obras recentes de psicologia moral em meu livro *Experiments in Ethics.*

5. John Locke, *The Works of John Locke in Nine Volumes*, 12ª ed. (Londres: Rivington, 1824), vol. 8, "Some Thoughts Concerning Education"; <http://oll.libertyfund.org/title/1444/81467/1930382>.

6. Horácio, *Sermones*, I, p. 6; II, pp. 7-8.

7. Id., ibid., II, pp. 34-7.

8. Devo frisar que identidades atribuídas pelo nascimento e pela pertença a uma família podem ser bases operacionais para a parcialidade. Você tem o direito (na verdade, às vezes o dever) de tratar A melhor do que B simplesmente porque A é sua irmã e B não tem nenhum parentesco com você. Mas reconhecer algo como motivo para parcialidade é reconhecer que não há nenhuma superioridade intrínseca àquelas pessoas com quem somos parciais: se houvesse, as razões para favorecê-las poderiam ser imparciais. Ver Appiah, *The Ethics of Identity*, cap. 6.

9. David Hume; L. A. Selby-Bigge (org.), *Enquiries Concerning the Human Understanding and Concerning the Principles of Morals by David Hume*, 2ª ed. (Oxford: Clarendon Press, 1902), p. 265. [*Investigações sobre o entendimento humano e sobre os princípios da moral*, trad. José Oscar de Almeida Marques. São Paulo: Editora da Unesp, 2004.]

10. Newman, *The Idea of a University*, pp. 208-11.

11. Rupert Brooke, "The Dead", em *1914: Five Sonnets* (Londres: Sidgwick & Jackson, 1914), p. 3.

12. Quanto às razões para pensar assim, ver Paul Robinson, *Military Honour and Conduct of War: From Ancient Greece to Iraq* (Londres: Routledge, 2006).

13. Brennan e Pettit, op. cit., p. 260.

14. É o contrário de um bem público: é um mal público.

15. Atul Gawande, "The Cost Conundrum: What a Texas Town Can Teach Us About Health Care", *The New Yorker*, 1º de junho de 2009; <http://www.newyorker.com/reporting/2009/06/01/090601fa_fact_gawande>.

16. "Rumsfeld Testifies Before Armed Services Committee", transcrição do depoimento ao Senado na sexta-feira, 7 de maio de 2004, em <http://www.washingtonpost.com/wp-dyn/articles/A8575-2004May7.html>.

17. Ian Fishback, carta ao senador John McCain, publicada em *The Washington Post*, 28 de setembro de 2005, com a manchete "A Matter of Honor" [Uma questão de honra]; <http://www.washingtonpost.com/wp-dyn/content/article/2005/09/27/AR2005092701527_pf.html>. Ver também Tara McKelvey, *Monstering: Inside America's Policy of Secret Interrogations and Torture in the Terror War* (Nova York: Basic Books, 2008), pp. 6-7.

18. Coleen Rowley, "Ian Fishback", revista *Time*, 30 de abril de 2006; <http://www.time.com/time/magazine/article/0,9171,1187384,00.html>.

19. McKelvey, op. cit., p. 179.

20. Tim Dickinson, "The Soldier: Capt. Ian Fishback", *Rolling Stone*, 15 de dezembro de 2005; <http://www.rollingstone.com/news/story/8957325/capt_ian_fishback>.

21. McKelvey, op. cit., p. 179.

22. Nicholas Kristof, no prefácio de *In the Name of Honor: A Memoir*, de Mukhtar Mai, p. xiv-xv.

Índice remissivo

ESTA OBRA FOI COMPOSTA PELA SPRESS EM ELECTRA E IMPRESSA
EM PROCESSO SOB DEMANDA PELA UM LIVRO SOBRE PAPEL OFFWHITE
PARA A EDITORA SCHWARCZ A PARTIR DE 2025

FSC
www.fsc.org
MISTO
Apoiando o manejo florestal responsável
FSC® C128038

A marca FSC® é a garantia de que a madeira utilizada na fabricação do papel deste livro provém de florestas que foram gerenciadas de maneira ambientalmente correta, socialmente justa e economicamente viável, além de outras fontes de origem controlada.